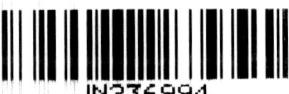

1《ワン》バーナークッキング

山戸ユカ 著

大泉書店

はじめに

「1バーナー」と聞いて、どのようなものかすぐにイメージできない人もいるのではないでしょうか？　一番身近にある1バーナーといえば家庭用カセットコンロですが、この本で紹介しているのはアウトドア用の携帯式一口コンロです。アウトドア用のバーナーなどと聞くと「なんだか扱いも難しそう」と思いがちですが、実はとても便利で扱いも簡単なのです。そんな1バーナーと私の出会いは、今からずっと昔にさかのぼります。

子供の頃から家族旅行と言えばキャンプに出かけることでした。登山家だった父が持っていたのは立派なキャンプ道具ではなく、登山用の三角テントに1バーナー。お鍋が2個とやかん、そしてお皿が入れ子になったコッヘルセット（ふたがフライパンにもなるコッヘルセットは父から私に受け継がれ、今でも活躍してくれています）。

キャンプでの食事はその1バーナーと焚き火での調理。母はバーナーで、釣った魚を唐揚げにしたりごはんを炊いたりしてくれました。不安定な1バーナーで手際よく料理を作る母の姿は今でも鮮明に私の記憶に焼きついていて、そんな父と母が格好よく、誇らしくも思えていたのでした。

私も大人になり、初めて車を買った頃から主人や友達を誘ってキャンプに出かけるようになりました。最初の車は古いワーゲンバスのキャンパー。ベッドやタンスや冷蔵庫もついている動く家のような車に私は夢中になり、旅行と言えばテントや車で寝泊まりするキャンプが中心でした。

それから何年かして、今度は山に登るようになりました。車移動のキャンプとは違って山には自分が背負って歩ける分の荷物しか持つことはできません。必然的に軽くて燃焼効率の良い1バーナーやチタンのコッヘルなどが集まり、今ではキャンプにも、山登りに使っている1バーナーを持って行くようになりました。仲間がそれぞれ1バーナーを持ち寄れば4人で4バーナーです。登山用となれば軽量性やコンパクトさを重視しますが、キャンプやピクニックで使うとなるとそれ以上に安定性や燃焼効率などを気にして選ぶようになり、今までとは違った視点で1バーナーを見るようになりました。

1バーナーがいくつかあればどんな料理でもできます。スープにサラダ、メインやデザートまでのフルコースを野外で作ることも可能です。また仲間で集まれば、それぞれに担当を決めてじっくりと料理をする楽しみも生まれます。登山用にしまわれていた1バーナーがいつの間にか外ごはんには欠かせない道具になりました。

この本ではキャンプやピクニック、デイキャンプそして登山と、いろいろなシチュエーションでも使っていただけるようなレシピを考えました。ただし、これらはあくまでも一例。旬の素材や材料を組み合わせる事によってレシピは無限に広がり、自転車やバイクでの旅でも使っていただけるようなメニューばかりです（もちろん家でも作れます）。

この本が、読んでくださった方の外ごはんのアイディアソースとなってくれることを願っています。

山戸ユカ

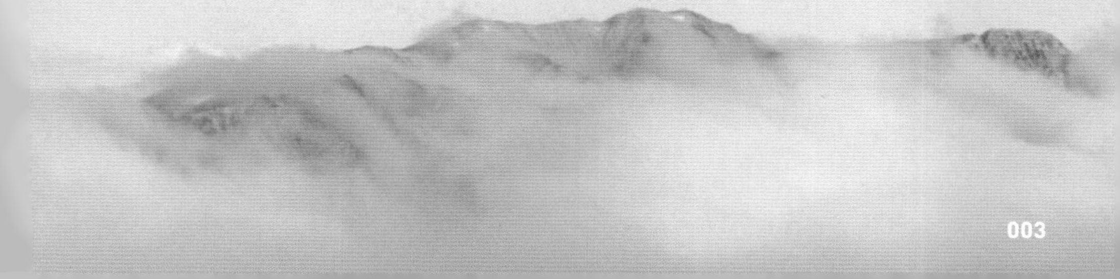

1《ワン》バーナークッキング

CONTENTS

Chapter 3　キャンプ ~Camp~

Chapter 4　デイキャンプ ~Day Camp~

CONTENTS

本書の見方

Picnic / 03

和風ハーブフライドチキン

山椒風味がきいた和風のフライドチキン。
手羽元は火が通りにくいので低温から時間をかけてじっくりと揚げていきます。
衣に片栗粉が入っているのでサクサクの食感になりますよ。
山椒の代わりに柚子や七味唐辛子を入れても。
また、手順1は家で行い、下ごしらえした手羽元と衣を持っていくと、
無駄もなく、ピクニック先でも手早く作れます。

材料（4人分）
鶏手羽元…8本
塩こしょう…少々
にんにく…1かけ（すりおろし）
〈衣〉
たまご…1個
ヨーグルト…¼カップ
小麦粉…¼カップ
片栗粉…大さじ1
醤油…大さじ1
山椒粉…小さじ½
揚げ油…適量

作り方
1 手羽元ににんにくと多めに塩こしょうを振ってもみ込み、30分ほどおいて味をなじませる。衣の材料はよく混ぜておく。
2 1の手羽元を衣にくぐらせ、160度くらいの低温の油で10分ほどかけてじっくりと揚げる。

POINT
油の温度（160度）の確認方法は、油に衣を落として3秒後に浮いてきたらOK。揚げ油の処理のしかたはP56に。

GAS GAS FUEL

007

Chapter 1 / Picnic 007

1バーナーのアイコン

そのメニューの調理に適した1バーナーを表示しています。
各バーナーの詳細についてはP116〜を参照してください。

ALC
アルコールストーブ

GAS
ガスボンベ・一体型

GAS
ガスボンベ・セパレート型

FUEL
ガソリンタイプ

ALC

火力や安定性、輻射熱の問題（P117参照）などで、そのメニューの調理に適していない1バーナーは、このようにアイコンが薄くなっています。

材料・作り方について

- 本書では甜菜糖《てんさいとう》（砂糖大根から作った砂糖）を使用していますが、一般的な上白糖でも代用可。ただし上白糖の方が甘みが強いので、代用する場合は掲載している分量よりもすこし少なめにしてください。
- 作り方で説明している時間（ゆで時間や焼く時間など）は、気温や天候などによって変わることがあります。記した時間をひとつの目安として、調理をしながらご確認ください。
- バーナーの説明書をよく読み、火の扱いにはくれぐれもご注意ください。

分量表記について

- 大さじ1…15ml（15cc）
  だいたいカレースプーン1杯分
- 小さじ1…5ml（5cc）
  だいたいティースプーン1杯分
- 1カップ…200ml

1バーナーを持って外に出よう！

天気のいい日に友達を誘ってピクニック。
ピクニックと言ってもお弁当を持ち寄るだけではつまらない。
トーストしたパンでサンドイッチを作ろう！
揚げたての野菜フライが食べたい～。
お酒もいいけど締めにはやっぱり温かいスープが飲みたいな——。
おいしいものに妥協したくないメンバーが集まれば、
いつも新しいアイディアがぽんぽん湧いてきます。
メンバーがそれぞれ自分の1バーナーを持参して、
さあ料理の始まりです！

Let's enjoy 1 burner cooking !

「このバーニャカウダソース簡単でいいね」

「じゃあ私はパンを焼くよ。だから具を炒めてくれない？」

「俺は何をすればいいの〜」

「あ、じゃあスープを作ってもらおうかな」

　私が考えたメニューをみんなに協力してもらいながら作っていきます。“得意な人がやればいい、でも協力してね”というのが私のモットー。自分で作るよりもみんなで作った方が何倍もおいしく感じるのは不思議。きっとそれぞれの手から個性というスパイスが出て、たとえ混ぜるだけでもそのスパイスが隠し味となっているのかもしれません。

　各自分担された料理をときどき味見しながら作っていき、できたそばからいただきます。熱々の料理を頬張りながらみんなの顔を見回すと、無言でひたすら揚げたてのチキンをぱくぱく。ハフハフ。私の視線に気づいた仲間は顔を見合わせてにっこり笑って一言。「幸せ〜」。本当においしい物を食べたときは不思議とみんな無口になります。だから料理人として、静かな食卓はそれだけで誇らしい気持ちになるもの。どんな賛美の言葉より、ニコニコぱくぱくなみんなの顔を見る方がずっと嬉しかったりするのです。

　おいしいごはんとお酒のほかには1人1枚のブランケットがあるととっても便利。寒さ対策にもなるし、気持ちがよくなってそのままゴロリと横になることだってできます。そう思っていたら案の定……。くれぐれもそのまま寝入って風邪などひきませんように。

この日の1バーナーピクニックで作った料理。
みんなに協力してもらいながら作れば、
数品の料理もあっという間に完成！

クレソンと
コーンポタージュ
スープ
P.18
レタスと
オリーブの
サラダ
P.24
グリルド
トマト
P.28

外でごはんを食べるとおいしく感じるのはなぜでしょうか。森や山という非日常の空間は、不思議と心を覆っている鎧みたいなバリアーを少しずつ取り除いてくれるからなのかもしれません。大きな自然の中で胸いっぱいに吸い込む空気や、体にまとわりつく朝もやまでもが体の中の一つ一つの細胞にまで入り込むような、そんな感覚をおぼえたことはありますか？

キャンプのように大掛かりなものではなく、天気のいい日にふらっと公園に集まって持ち寄りパーティのような気軽さで外ごはんを楽しめたら素敵。そしてそこに1バーナーがあるだけで、ぐっと世界は大きく広がります。料理が苦手な人は買って来たバゲットやハムを焼くだけでも十分ですし、家で作って来たスープを温めるだけでも立派な1バーナーピクニック。肌寒いときに食べる温かい食べ物はそれだけでご馳走になります。

1バーナーは軽くて簡単に使えて、しかも本格的。山に登るときだけに使っているのは本当にもったいない道具です。とくにこれから外ごはんをはじめたいと思っている人には、まず1バーナーピクニックがおすすめ。お気に入りのバックに割れにくい食器やコップと1バーナーを詰め込んで出かけましょう。仲のよい仲間と温かくておいしいごはんを囲めば、それだけで幸せな気持ちになるものです。決めごとは何もありません。自分のお気に入り場所を見つけて楽しい仲間と自由な時間。目一杯楽しんでください。

Chapter 1

ピクニック

Picnic

Picnic / 01

グリルドサンドイッチ

好きな具を持ち寄って、それぞれ好きなものをはさんで食べる「勝手にサンド」。
家で作っていったものを食べるのもいいけれど、その場でグリルした野菜をはさめば、
お肉が入っていなくても十分満足できるリッチなサンドイッチになります。

材料（4人分）

食パン … 8枚
サニーレタス … ½個
しいたけ … 8個
じゃがいも … 2個（5ミリのスライス）
パプリカ … 1個（4等分）
オリーブ …適量
マスタード … 適量
塩こしょう … 少々
練りごま … 適量
醤油 … 少々
油 … 少々

作り方

1. フライパンに油を熱しじゃがいもを入れて焼き、柔らかくなったら塩こしょうをして一度取り出す。空いたフライパンでしいたけをソテーし、しんなりしたら塩こしょうと醤油で味つけする。
2. パプリカは網焼きにし、皮に焦げ目がついたら皮をむく。パンもこんがりと焼く。
3. パンにマスタードと練りごまを塗り、好みの具をのせて塩こしょうし、もう一枚のパンでサンドする。

Picnic / 02

クレソンの
コーンポタージュスープ

コーンクリーム缶にほどよく塩味がついているので
調味料を加える前にかならず味見をしましょう。
クレソンの代わりにパセリやセロリで作ってもおいしいですよ。

材料（4人分）

クレソン … 1束
（茎はみじん切り、葉は細かくちぎる）
コーンクリーム缶 … 小1缶
豆乳 … 1カップ
水 … 2カップ
玉ねぎ … $\frac{1}{2}$個（みじん切り）
オリーブオイル … 小さじ1
塩こしょう … 少々
クミンパウダー … 小さじ$\frac{1}{4}$

作り方

1 鍋にオリーブオイルを熱し玉ねぎを炒める。しんなりしたらクレソンの茎も加え、きつね色になるまでさらに炒める。

2 **1**にコーンクリーム缶と水を加え、沸騰したら弱火にして2〜3分ほど煮る。

3 豆乳とクレソンの葉を加え、塩こしょうとクミンパウダーで味をととのえたら沸騰する直前で火を止める。

EPIgas

Picnic / 03

和風ハーブフライドチキン

山椒風味がきいた和風のフライドチキン。
手羽元は火が通りにくいので低温から時間をかけてじっくりと揚げていきます。
衣に片栗粉が入っているのでサクサクの食感になりますよ。
山椒の代わりに柚子や七味唐辛子を入れても。
また、手順1は家で行い、下ごしらえした手羽元と衣を持っていくと、
無駄もなく、ピクニック先でも手早く作れます。

材料（4人分）

鶏手羽元 … 8本
塩こしょう … 少々
にんにく … 1かけ（すりおろし）
〈衣〉
- たまご … 1個
- ヨーグルト … ¼カップ
- 小麦粉 … ¼カップ
- 片栗粉 … 大さじ1
- 醤油 … 大さじ1
- 山椒粉 … 小さじ½
- 揚げ油 … 適量

作り方

1. 手羽元ににんにくと多めに塩こしょうを振ってもみ込み、30分ほどおいて味をなじませる。衣の材料はよく混ぜておく。
2. 1の手羽元を衣にくぐらせ、160度くらいの低温の油で10分ほどかけてじっくりと揚げる。

POINT

油の温度（160度）の確認方法は、油に衣を落として3秒後に浮いてきたらOK。揚げ油の処理のしかたはP56に。

Picnic / 04

カレーフォンデュ

チーズフォンデュならぬカレーフォンデュ。
具材とのからみを良くするために加えたアーモンドプードルが
コク出しにもなっているので、お肉が入っていなくてもリッチな味わいに。
野菜以外にもバゲットやライスコロッケなどをつければ一層豪華になりますね。
もちろんご飯にかけてカレーライスとして食べてもいいですよ。

材料（4人分）

〈カレーペースト〉
- 玉ねぎ … 2個（みじん切り）
- にんにく … 1かけ（みじん切り）
- しょうが … 1かけ（みじん切り）
- 油 … ¼カップ
- クミン粒 … 小さじ1
- アーモンドプードル … ½カップ
  （アーモンドの粉。製菓材料売り場などで購入可）
- 塩 … 小さじ2

〈スパイス〉
- ガラムマサラ … 小さじ1
- コリアンダーパウダー … 小さじ1
- クミンパウダー … 小さじ½
- ターメリックパウダー … 小さじ½
- クローブ粒 … 5個
- カルダモン粒 … 5個（軽くつぶす）
- ※スパイスがない場合はカレー粉でも代用可

トマト缶 … 1缶　水 … 3カップ
豆乳 … ½カップ　ミックスチーズ … 適量

具（お好みで）
芽キャベツ、にんじん、ヤングコーン、
カリフラワーなど（やわらかくなるまで蒸す）
じゃがいも、かぼちゃ（低温でじっくり揚げる）
※家で蒸し、揚げてから持っていく

*2人分なら一体型も可

作り方

1. カレーペーストを作る。フライパンに油とクミン粒を入れて火にかけ、香りがたってきたら玉ねぎを加えてきつね色になるまで強火で炒める。途中焦げつくようであれば中火にする。
2. きつね色になったらにんにく、しょうがも加えてさらに2〜3分炒め、塩とスパイスも加えて弱火で炒め合わせる。全体になじんだらアーモンドプードルも加え、さっと混ぜ合わせて火を止める。
3. 鍋にカレーペーストとトマト缶、水を入れて火にかけ、沸騰したら弱火に。ときどきかき混ぜながら10分ほど煮込む。
4. 最後にミックスチーズと豆乳を加えて弱火にし、好きな具につけて食べる。

POINT

カレーペーストはピクニック先で作ってもよいですが、家で作って持って行けばすぐにカレーフォンデュが楽しめます。

Picnic / 05

レタスとオリーブのサラダ

バーニャカウダ風のドレッシングでいただくサラダ。
1バーナーでドレッシングを弱火で温めながら、
スティック野菜をつけて食べるのもおすすめです。
またこのドレッシングは、サラダだけでなく
豆腐のソテーや揚げ物のソースとしても使えますよ。

材料（4～5人分）

レタス … 1個
（芯をくりぬき広げる）
ラディッシュ … 1パック
オリーブ … 8個
〈ドレッシング〉
- アンチョビ … 1缶（みじん切りにする）
- にんにく … 1かけ（みじん切りにする）
- オリーブオイル … 大さじ1
- 豆乳 … ¼カップ
- 塩こしょう … 少々
- バジル … 1束（みじん切り）

作り方

1. ドレッシングを作る。アンチョビは油ごと鍋に入れ、にんにくとオリーブオイルも加えて弱火にかける。
2. アンチョビとにんにくを香ばしい香りがしてくるまでじっくり加熱したら、豆乳も加え、中火にして1～2分煮る。少しとろみがついてきたら火を止め、塩こしょうで味をととのえ、バジルも加える。
3. サラダの材料を皿に盛り、2のドレッシングをかけて食べる。

POINT

にんにくとアンチョビの加熱が足りないと味がきつくなるので、弱火でじっくり揚げ煮にしましょう。

Picnic/ 06

ごぼうと仙台麩と きのこの土手鍋

具材は自宅でコッヘルに詰め、ピクニック先で水を加えて火にかけるだけのお手軽鍋です。
肉や魚を入れたいときは、あらかじめ練り味噌に漬け込んでおきましょう。
赤みそが入っているので味が濃いように見えますが、見た目ほど濃くありませんよ。

材料（4〜5人分）

ごぼう … 2本（ささがき）
長ねぎ … 1本（ぶつ切り）
にんじん … ¼本
（輪切りもしくは型抜き）
しめじ … 1パック（小房にわける）
まいたけ … 1パック（小房にわける）
仙台麩 … 1本（2センチの輪切り）
※水で戻さずそのまま使う
ほうれん草 … ½束（ざく切り）
れんこん … 小1節（輪切り）
水 … 3カップ
〈練り味噌〉
長ねぎ … 2本（小口切り）
赤味噌 … ¼カップ
お好みの味噌 … ½ カップ
酒 … ¼カップ

*2人分なら一体型も可

作り方

1. 自宅で鍋を仕込む。まず、練り味噌を作る。鍋に長ねぎと酒を入れて火にかけ、蒸気が上がったら弱火にしてふたをし、蒸し焼きにする。長ねぎがしんなりしたら味噌を加え、水分が少なくなってもったりするまで練る。
2. コッヘル（鍋）のへりに練り味噌をすべて塗り、底にごぼうを敷き詰めてその上に他の具材を隙間なくすべて詰める。
3. ピクニック先で鍋を仕上げる。2に水を加え、沸騰したらときどき具の上下をかえしながらじっくり煮る。最初にすべての味噌を溶かずに自然と溶ける程度にして、後で水を足しながら食べましょう。

POINT

締めはうどんや蕎麦がおすすめ。三つ葉や万能ねぎをたっぷり加えましょう。

Picnic/ 07

グリルドトマト

トマトは生で食べてもおいしいけれど、じっくりと火を通すことで濃厚な甘みが生まれます。
手に入るなら、種の少ない調理用トマトがベストですが、
なければ普通のものでも十分おいしくできます。

材料（4人分）

トマト … 2個
（スライスする）
オリーブオイル … 小さじ1
小麦粉 … 適量
塩こしょう … 少々
バジル葉 … 適量

ALC GAS GAS FUEL

作り方

1. トマトに小麦粉をまぶし、オリーブオイルを熱したフライパンに並べて中火で焼く。
2. こんがりと焼けたらひっくり返し、両面焼いたら塩こしょうをする。仕上げにバジルの葉を散らす。

Picnic / 08

マッシュルームとチキンのブラウンシチューパン

食べるときは内側のパンを削りながらシチューと一緒に食べます。
シチュー以外にもカレーやクラムチャウダーを入れても美味ですよ。

材料（4人分）

マッシュルーム … 1パック
　※6個くらい（半分に切る）
鶏胸肉 … 100g（小さめに切る）
玉ねぎ … ½個（みじん切り）
にんにく … 1かけ（みじん切り）
油 … 小さじ1
小麦粉 … 大さじ1
豆乳 … 1カップ
水 … 2カップ
塩こしょう … 少々
パセリ … 少々
大きくて周りが固いパン …
　1個（手で中をくりぬく）

作り方

1. 鍋に油とにんにくを入れて火にかけ、香りがたってきたら玉ねぎを加えて中火で炒める。玉ねぎがきつね色になったら小麦粉をふり入れ、火を弱めて1〜2分じっくり炒める。
2. 1に少しずつ水を加えてのばし、中火にしてマッシュルームと鶏胸肉も加え、沸騰したら弱火で5分ほど煮る。
3. 鶏肉に火が通ったら豆乳を加え、塩こしょうとパセリで味をととのえる。沸騰する直前で火を止め、パンの器によそう。

POINT

器にするパンは、シチューが染み出してこないようにちょっと固めのパンを選びましょう。

Picnic / 09

おにぎり茶漬け

好きな具材を入れたおにぎりに、バーナーでいれた熱いお茶をかけるだけの簡単お茶漬け。
冷たいおにぎりとお茶でもいいけれど、ひと手間加えるだけで気分も盛り上がりますね。
まだまだ寒い時期のお花見の締めにもおすすめです。

材料（お好きなだけ）

おにぎり*
ほうじ茶 … 適量
おかき … 適量
万能ねぎ … 適量

作り方

1. 椀におにぎりを入れ、熱いお茶を注いでお好みで具をのせる。おにぎりは崩して食べる。ほうじ茶以外にも緑茶やお出汁もおすすめ。お好きな味でお試しください。

*おにぎり3種の作り方

ツナ味噌

ツナ缶は油を切り、少量の味噌と混ぜて具にしておにぎりを握り、まわりにとろろ昆布を巻く。

高菜

高菜はみじん切りにして、白ごまと一緒に混ぜて握る。

みょうが

みょうがを千切りにして塩をふって軽くもむ。しんなりしたらご飯と混ぜて握る。

POINT

お茶漬けにするので、おにぎりはいつもよりもちょっとだけ塩を多めにつけて握ったり、具を多めに入れるのもいいですね。鮭やおかか梅、ゆず味噌など、具は何でもお好きなものを。

外でご飯を炊くときは?

1. お米をとぐ。
2. お米と同量の水を加えて火にかけ、沸騰したらごく弱火にして10分炊く（気温や風によっても微妙に炊き時間が変わります。ほんのり香ばしい香りがしてきたら火を止めるタイミングです）。
3. 火を止めて10分蒸らす。

Picnic / 10

洋梨のソテー

フライパンで出来る簡単デザート。洋梨の甘みだけですが十分リッチな味わいになります。洋梨の代わりに桃やプラムなどで作ってもおいしいですよ。

材料（2人分）

洋梨 … 2個（半分に切る）
白ワイン … ¼カップ
マスカルポーネチーズ … 少々

ALC　GAS　GAS　FUEL

作り方

1. フライパンの上にアルミホイルを十字に敷き、洋梨を並べて白ワインをまわしかける。
2. きっちりとアルミホイルの口を閉じ、火にかける。ジューッという音がしてきたら弱火にして10〜15分蒸し焼きにする。
3. 途中で開いてみて洋梨が柔らかくなっていれば出来上がり。お好みでマスカルポーネチーズをのせて食べる。

Chapter 2

登山

Mountaineering

Mountaineering / 01

ベトナム風
バゲットサンド

ベトナムには行ったことはないけれど、同じくフランスの植民地だったラオスで
同じようなフランスパンのサンドイッチを多く見かけました。
アジアとヨーロッパの融合。
悲しい歴史の中にも人間のたくましさを感じるそんな料理です。

材料（4人分）

バゲット … 1本
オイルサーディン … 1缶
ドライにんにく … 2〜3枚
だいこん … 5センチ（千切り）
にんじん … ½本（千切り）
きゅうり … 1本（スライス）
ナンプラー … 小さじ½
こしょう … 少々

作り方

1. バゲットは4等分にし、切れ目を入れる。だいこんとにんじんにナンプラーとこしょうを加え、しんなりするまでもんでおく。
2. オイルサーディン缶を開け、ドライにんにくを加えてバーナーにかけ温める。
3. バゲットに1のだいこん＆にんじんと2のオイルサーディン、きゅうりをはさむ。

Mountaineering / 02

クスクスと
あさり入り乾物シチュー

2倍くらいにふくらむクスクスと軽くてうまみの濃縮された乾物は私の定番山食材。
トマトの水煮も缶ではなくパックのものを使うと、ゴミも減るのでおすすめです。

材料（2人分）

〈クスクス〉
- クスクス … 1カップ
- 無添加ブイヨン … 小さじ1
- 水 … 300cc
- 乾燥ポルチーニ … 2〜3枚
  （分量の水の中に入れて戻す）
- 塩、こしょう … 少々

〈シチュー〉
- 玉ねぎ … ½個（みじん切り）
- トマトパック … 1パック
- ドライにんにく … 3〜4枚
  （ひたひたの水で戻す）
- 車麩 … 1枚（ひたひたの水で戻し
  水をしぼって一口大に切る）
- あさり（水煮） … 1パック
- 乾燥ポルチーニ … 4〜5枚
  （ひたひたの水で戻す）
- オリーブオイル … 大さじ1
- 塩 … 小さじ1　こしょう … 少々

作り方

1. シチューを作る。鍋にオリーブオイルを熱し、玉ねぎをしんなりするまで炒める。
2. 1に塩こしょう以外の材料を全部加え、ふたをして10分ほど煮込む。
3. トマトの甘みが出てきたら塩こしょうで味をととのえる。
4. クスクスを作る。戻したポルチーニと水を鍋に入れて火にかけ、沸騰したらブイヨンを加えてさっと混ぜる。
5. 4にクスクスを加え、スプーンなどで全体をよく混ぜ合わせたら火を止め、ふたをして10分ほど蒸らす。塩こしょうで味をととのえる。

ALC　GAS　GAS　FUEL

Mountaineering / 03

タイ風ラーメン

タイ北部の町チェンマイの名物料理「カオソーイ（タイ風ラーメン）」。
チェンマイにはたくさんのカオソーイ屋さんがあります。
いくつも食べ比べ研究した旅の味を山で再現してみました。
残った汁にはご飯を入れて食べましょう。

材料（1人分）

タイカレーペースト … 20g
ココナッツパウダー … 1カップ
干ししいたけ（スライス）… 1個分
干し大根菜 … 大さじ1
　※ない場合は乾燥ねぎでも可
ヤングコーン … 3本
中華スープの素 … 大さじ1
乾燥中華麺 … 1玉
水 … 500cc

作り方

1. 干ししいたけと干し大根菜はひたひたの水で戻しておく。コッヘルにお湯を沸かす。
2. お湯が沸いたらカレーペースト、ココナッツパウダーと中華スープの素を入れてよく溶かし、再度沸騰したら中華麺をコッヘルに入る大きさに割って加える。
3. 中華麺の表示通りにゆで、火を止めて上にヤングコーン、干ししいたけ、干し大根菜（乾燥ねぎを使うときは水で戻さずにそのまま）をのせる。

Mountaineering / 04

ツナの
レモンクリームペンネ

ペンネにレモンクリーム？　どんな味か想像つかない人も多いはず。
でもこれ相当おいしいんです。
濃厚なクリームにレモンのさわやかさが加わり、山の上が本格イタリアンレストランに。
レモンの皮は乾燥させて持って行くと便利です。

材料（1人分）

ペンネ … 80〜100g
スキムミルク … $\frac{1}{2}$カップ
粉チーズ … $\frac{1}{4}$カップ
レモンの皮 … 2センチ角（千切り）
（あればレモン汁 … 少々）
塩こしょう … 少々

作り方

1. 鍋にお湯を沸かしペンネをゆでる。
2. カップにスキムミルク、粉チーズとレモンの皮を入れ、ペンネのゆで汁を少しずつ加えてよく混ぜソースを作る。
3. ペンネがゆで上がったらお湯を切り、2のソースをからめ、塩こしょうで味をととえる。

POINT

レモンの代わりにオレンジやライム、ゆずなど他の柑橘類で作ってもおいしいですよ。

Mountaineering / 05

レンズ豆のカレー

時間のかかるカレーペーストは家で事前に作って行きましょう。
レトルトのカレーとは味も香りも別格なので、
まわりの登山者から羨望のまなざしで注目されること間違いなし!!
レンズ豆は下ゆでする必要がないのでおすすめです。

材料（2〜3人分）

〈カレーペースト〉＊
- 玉ネギ … 1個（みじん切り）
- にんにく … 1かけ（みじん切り）
- しょうが … 1かけ（みじん切り）
- クミン粒 … 小さじ½
- ターメリックパウダー … 小さじ1
- カイエンペッパー … 小さじ½
- コリアンダーパウダー … 大さじ1
- ケチャップ … 大さじ2
- 塩 … 小さじ1
- こしょう … 少々
- 油 … 大さじ1

レンズ豆 … 1カップ
水 … 400cc
塩こしょう … 少々
ご飯…2合
※ご飯の炊き方はP30参照

カレーの作り方

1. レンズ豆に1カップの水（分量外）を加え、30分くらい漬けて戻しておく。
2. コッヘルにカレーペーストと水を加えて火にかけ、沸騰したら弱火にしてレンズ豆が柔らかくなるまで10分くらい煮る。最後に塩こしょうで味をととのえる。

POINT

クミンやコリアンダーなどのスパイスがない場合はガラムマサラで代用しても大丈夫です。ガラムマサラもない場合はカレー粉を入れましょう。

＊カレーペーストの作り方

1. フライパンに油とクミン粒を入れて火にかける。パチパチしてきたら玉ねぎを加え、しんなりするまで強火で炒める。
2. 1ににんにくとしょうがを加え、中火にしてさらに炒める。きつね色になってきたら残りのスパイスと調味料を加えてよく混ぜ、火を止める。

Mountaineering / 06

なす味噌丼

なす＋干しえび＋味噌＝おいしいに決まってる!!　と
断言してしまうほどの黄金トリオ。
味噌は赤味噌を使うとより濃厚な味になりますが、
ふだんお家で使っているどんな味噌でも大丈夫です。

材料（2人分）

なす … 3本（縦にスライス）
玉ねぎ … ½個（スライス）
中華干しえび … 大さじ1
スライス干ししいたけ … 1個分
しょうが … 少々（千切り）
ごま油 … 小さじ2
味噌 … 大さじ1
甜菜糖 … 小さじ1
醤油 … 小さじ½
鷹の爪（種を除いて輪切り） … 1本
ご飯 … 適量

作り方

1. 干しえびと干ししいたけは、¼カップの水（常温）で15分ほど戻しておく。
2. 鍋にごま油を熱し、玉ねぎを炒める。しんなりしたら、なすも加えさらに炒める。
3. なすもしんなりしたら1を戻し汁ごと加え、しょうがと残りの調味料も加えて水分が少なくなるまで軽く煮る。

Mountaineering / 07

冷麺

冷麺のゆで時間はたったの1分程度。燃料を節約したいときに最適の料理ともいえます。
「冷」麺にするには豊富な冷たい湧き水やきれいな沢があることが大前提。
でも意外と「温」麺として食べてもおいしいですよ。

材料（1人分）

冷麺 … 1玉
プルーン … 2個（半分に切る）
きゅうり … ⅓本（千切り）
にんじん … ⅓本（千切り）
コチュジャン … 大さじ1
白ごま … 少々
ゆで卵 … ½個
しょうが … 1かけ（千切り）
〈スープ〉
鶏ガラスープの素 … 大さじ1
醤油 … 少々
甜菜糖 … 小さじ1
酢 … 小さじ2
水 … 300cc

作り方

1 スープの材料はよく混ぜておく。コッヘルにお湯を沸かす(分量外)。
2 冷麺を沸騰したお湯で表示通りにゆで（1分くらい）、お湯を切って冷水でしめ水気を切る。
3 皿に盛り 1 のスープをかけて上にプルーン、にんじん、きゅうり、ゆで卵をのせ、コチュジャンと白ごまをのせる。

POINT

温麺として食べる場合はゆで汁300ccに鶏ガラスープの素と調味料を足してスープを作ります。具も生野菜ではなく野菜炒めやねぎなどをのせてもおいしいですよ。

Mountaineering / 08

鉄火味噌チキン

本来の鉄火味噌とは違う食べ物ですが、ただの味噌漬けとは一味も二味も違う私の定番山料理。
家で仕込んでいく手間はかかりますが、生肉を持って行くには最適の料理。
しっかりと味噌味のしみ込んだ鶏肉はご飯にのせてもラーメンにのせてもよく合います。
漬け込んだ味噌にははじめから具が練り込んであるので、
そのままお湯を注げばおいしいみそ汁にもなります。

材料（4人分）

〈鉄火味噌〉*

- ごぼう … 1本（ささがき）
- にんじん … ½本（千切り）
- まいたけ … 1パック（小房に分ける）
- ごま油 … 小さじ1
- 酒…¼カップ
- 味噌 … 1カップ
- 甜菜糖 … 大さじ1
- 醤油 … 少々

鶏肉（ムネでもモモでも）… 1枚
（食べやすい大きさに切る）
長ねぎ … ½本（小口切り）
油 … 少々

作り方

1. フライパンに油を熱し、鉄火味噌に漬けた鶏肉を弱火でじっくり両面焼く。最後に長ねぎをのせる。

残った鉄火味噌はみそ汁に

鉄火味噌 … 大さじ1
好きな具 … 適量
（とろろ昆布・麩・干ししいたけ・乾燥ほうれん草など）
お湯 … 150cc

カップに鉄火味噌と具を入れ、お湯を注ぐ。

POINT

基本的には秋〜春向きの料理です。夏に食べたい場合は凍らせて持って行き（P55参照）、お肉は1日目に食べましょう。

*鉄火味噌の作り方

1. 鍋にごま油を熱し、ごぼうとにんじんを炒める。つやつやしてきたらまいたけを加え、酒をふってふたをして弱火で蒸し焼きにする。
2. ごぼうとにんじんが柔らかくなったらふたを外し、味噌・甜菜糖・醤油を加える。水分が飛ぶまで中火にして混ぜながら練る。もったりしてきたら火を止め冷ます。
3. 冷めた2の味噌に鶏肉を漬け込み、冷蔵庫で1晩おく。

Mountaineering / 09

アーサソーメン

ソーメンはゆで時間が短くすぐに食べられるので、お腹が空きすぎているときにとりあえず作るのに向いています。つけ汁も、干ししいたけやアーサ（あおさのり）など乾物からのだしを利用しているので驚くほど簡単。

材料（1人分）

ソーメン…1束
黒ごま…少々
〈つけ汁〉
干ししいたけ（スライス）…1個分
乾燥あおさ … 大さじ1
とろろ昆布 … 大さじ1
甜菜糖* … 小さじ½
醤油* … 小さじ1
水* … 100cc

作り方

1. 干ししいたけを分量の水で戻しておく。コッヘルにお湯（分量外）を沸かす。
2. お湯が沸いたらソーメンを表示どおりにゆで（2分くらい）、お湯を切って冷水でしめる。水気を切ったら皿に盛り、ごまをふる。
3. つけ汁は、1の干ししいたけの中に甜菜糖と醤油を加えよく混ぜ、最後にあおさととろろ昆布を加える。

POINT

冷水不足のときは温かいソーメンとして。干ししいたけを分量の水で戻したら火にかけ、甜菜糖と醤油を加えてかけ汁を作る。ソーメンにかけ汁を注ぎ、上にアーサととろろ昆布を。

*温かいソーメンのかけ汁をつくる場合は、甜菜糖を小さじ2、醤油を大さじ1、水を300ccに。

Mountaineering / 10

白瓜のナーベラーチャンプル風

ナーベラーとは沖縄の方言で「へちま」のこと。家の近所ではへちまが手に入らなかったので、漬物用に売られている白瓜で代用しました。へちまが手に入った場合、水は加えずにへちまの水分で煮込んでください。

材料（2人分）

白瓜 … 1本（1センチの輪切り）
高野豆腐 … 1枚（水で戻す）
ツナ … 1パック
ごま油 … 小さじ1
白味噌 … 大さじ2
醤油 … 小さじ1
水 … 50cc

作り方

1. 鍋にごま油を熱し、白瓜を焼く。
2. 軽く焼き目がついたら水とツナを汁ごと入れ、ふたをして中火で煮る。白瓜が柔らかくなったら白味噌と醤油をよく溶かし、軽くしぼった高野豆腐も加えて煮汁が少なくなるまで煮る。

POINT

白瓜は皮目に苦味がありますが、最初に油でじっくり焼くと苦味が和らぎます。それでもまだ苦いと感じる人は皮をむいて作りましょう。また、白瓜以外ではなすやゴーヤで作っても美味。

ALC GAS GAS FUEL

drink recipe / 01

ホットオレンジティー

オレンジが入ったトロピカルな紅茶。
お好みでミントやシナモンスティックを入れてもおいしいです。
夏にはぜひアイスティーとしてどうぞ。紅茶もお好みで好きなものを使ってください。

材料（2人分）

アールグレイのティーバック … 1個
水 … 2カップ
オレンジ … 1個（皮をむいてざく切り）

作り方

1. 鍋に水と紅茶を入れて火にかけ、十分煮出したらオレンジを加えて火を止める。

drink recipe / 02

ホットアップルサイダー

冬のニューヨーク名物の温かいりんごジュース。
市販のジュースを温めただけなのに、生のりんごの酸味とスパイスが入ることによって、
驚くほどおいしい飲み物になります。りんごは少し酸味の強いものがおすすめです。

材料（2人分）

りんごジュース … 2カップ
りんご … ½個（くし形切り）
カルダモン粒 … 2個
クローブ粒 … 2個

作り方

1. 鍋にすべての材料を入れて火にかけ、中火でじっくり煮出す。ジュースが温まれば出来上がり。

食材選び & 持って行くときのポイント

外ごはんを楽しむには、ちょっとしたコツがあります。
現地でゴミを減らし、またスピーディに料理に取りかかることができるようにするために、
食材の選び方と持って行き方のポイントを紹介します。

軽い、日持ちする、よいダシが出る 3拍子そろった「乾物」

私は外ごはんに乾物をよく使います。乾物は軽くて日持ちもして、いいダシも出ると一石三鳥。とくに荷物を軽くしたい登山にはおすすめの食材です。時間があるときには干しきのこや切り干し大根などを自家製で作ってみるのもよいと思います。季節にもよりますが、3〜7日ほど天日で干せば作れます。わざわざダシを取るのが大変なときには、干ししいたけや干しエビを使うとおいしいダシも出て、なおかつ具にもなります。干ししいたけは戻すのに少し時間がかかるので、調理時間を短縮させたいときにはスライスタイプを選ぶとよいでしょう。干しエビは中華風の味つけにしたいときによく使います。インスタントの中華ダシに頼らなくてもごま油や長ねぎと一緒に炒めると一気に本格的な中華風味になるので、スープだけでなく炒め物や煮物にも使えます。ちょっと贅沢したいときには干し貝柱も是非使ってみてください。

パスタやラーメンなどの乾麺も手軽でよいのですが、登山での食事など、限られた燃料で調理する場合にはゆで時間の短いものを選び、ザックに詰めても折れにくいものを選びましょう。乾麺のゆで汁は捨てずにスープに使ったり、洗いものに使うなど自然への配慮も大切なポイントですね。

野菜は包装紙をはずしてタッパーに。家で下処理をしておくのもポイント

包装紙をはずし、皮をむいてタッパーに詰めた野菜。

まず野菜の包装紙やビニールははずし、玉ねぎやにんじんの皮も家でむいていきましょう。そうすることで、現地ですぐに調理に取りかかれます。野菜は乾燥しないようにタッパーなどにまとめて入れていきましょう。あらかじめメニューを考えて分量通りの材料を持って行けばロスになる心配もなく荷物も減ります。もちろん現地で旬の野菜を手に入れて作る即興料理もキャンプの楽しみですが、メインとなる野菜は参加メンバーで相談し、分担して持って行けば調理もスムーズです。加熱時間のかかるじゃがいもやにんじんは、料理によってはあらかじめ自宅で固めに蒸したり茹でて持って行くとカレーやシチューを作る時間がぐっと短縮され、「せっかくキャンプに行ったのに1日中料理しかしていない……」なんてことにならずに済みますよ。

肉やシーフードはタレに漬け込む。夏場は冷凍して持ち運び

肉や魚などの生ものを持って行く場合、とくに夏場は気を使います。そこで私は自家製の漬けだれや味噌に漬け込んで持って行く方法をおすすめしています。タンドリーチキンやジャークフィッシュ、ゆず味噌に漬け込んだカジキマグロやコチュジャンだれに漬け込んだタコなどを炭火で焼けば、どんなお店にも負けない本格的な味わいです。

夏場は漬け込んだものを冷凍させ、クーラーボックスに入れて持って行けば、それ自体が保冷剤の役割をしてくれるので一緒に入れた飲み物も冷え、なおかつ現地に着く頃にはほどよく解凍されるという良いこと尽くめ。キャンプに行って、お腹がぺこぺこなのにまだご飯はできない……なんてときに、焼けばすぐに食べられるものがあるのは本当に心強いですね。

また市販のタレを使うB.B.Qでは物足りなくなって来たら、今度は自家製のタレ（例えばP64のナッツ＆ジンジャーチキンのタレなど）に漬け込んだ食材をそれぞれが持ち寄る「持ち寄りB.B.Q」に挑戦してみてください。きっとまた新しい発見があるはずですよ。

チキンのオニオンガーリックソテー（P90）のタレに漬け込んだ鶏肉。

調味料の持ち運びには トラベル用品が活躍！

ピルケースに入れた調味料。左のケースには上から干しエビ、ゴマ、乾燥ねぎ、鷹の爪、真ん中のケースには醤油、右がサラダ油。密閉容器なので安心！

車で行くキャンプの場合、私は自宅で使っている調味料をいっさいがっさい箱に詰め込んで持ち出します。キャンプのために小分けしたり、わざわざ小さいものを買ったりしても結局使い切れずに「これっていつ使ったっけ??」なんてことになりかねません。でもこれはあくまでもオートキャンプの場合。登山や電車で行くキャンプの場合、そういうわけにもいかないので、やはり小分けにして持って行くことになります。

そこで活躍するのがトラベル用品。化粧水を入れる小さいボトルには醤油や油などの液体を入れ、ゴマや唐辛子など少量しか使わないけれどあったらいいなというものはピルケースがちょうど良い大きさ。塩や砂糖、小麦粉などは小さめのジッパータイプの保存袋に入れて持って行けばかさばらずに持ち運ぶことができます。アウトドア用品だけでなく、雑貨屋さんなどで売っている日用品の中にも外ごはんに使える道具がたくさんあるので、今までとは違った目で探してみると意外な掘り出し物があるかもしれませんよ。

揚げ油の処理に使える便利グッズ

和風ハーブフライドチキン（P20）や揚げ野菜のサラダ（P65）など、この本でも揚げ物料理を紹介していますが、「外で揚げ物」となると、一番気になるのは残った油の処理方法ではないでしょうか。

処理の仕方は、大きく分けると2通り。1つは吸わせるタイプの処理剤に吸わせてゴミと一緒に捨てる。2つ目は固めるタイプのものでこちらもゴミと一緒に捨てます。たっぷりの油を処理するのは大変ですが、小鍋やフライパンを使って少量の油で調理すれば後片付けも驚くほど簡単です。

よく持っていくのは、ジッパータイプの保存袋に油を吸わせるタイプの処理剤を入れたもの。冷めた油を処理剤に吸わせ、保存袋に入れて持ち帰ります。

家でも揚げ物をしないのに外でなんて……と思っている人にこそ、外だから揚げ物に挑戦してほしい。屋外なら油がはねて台所が汚れることはないし、多少油がはねたっておさまるまで少し離れたところに避難していればいいんです。温度調節のコツさえつかめば、揚げたて熱々の唐揚げや春巻きだって食べられるんですよ。大きめに切って下味を付けた根菜に衣を付けて揚げる野菜の唐揚げは私の定番料理。是非挑戦してみてください。

Chapter 3

キャンプ

Camp

洋風キャンプ
フルコース

キャンプの楽しみと言えば、焚き火とおいしいご飯。ほとんどの人が２バーナーを持って行き、ダッチオーブンなどを使った本格的な料理に挑戦することと思います。でも友人同士で行く場合、バーナーなどのギアを持っている人がその負担を一手に引き受けることになり、準備から片付けまで考えると意外に大変。でも１バーナーをそれぞれが持ち寄れば、１バーナーが２バーナー、３バーナーになり、その負担をみんなで分担することができるのです。３バーナー、４バーナーともなれば前菜、スープ、メイン、主食、デザートの本格的フルコースメニューを作ることだって可能です。

今回は濃厚な味のチキンを中心に、フルボディの赤ワインに合うようなメニューを用意しました。琺瑯《ほうろう》の白いお皿やカップにフォークとナイフの本格的な青空レストラン。たまにはこんな風に気取って仲間や家族と過ごす時間も素敵だと思いませんか？

Camp / 01

かりかりベーコンとベビーリーフのペペロンチーノ

場所によっては下水が整備されていないキャンプ場もあるので、
外でパスタを作る場合はゆで汁に加える塩は少なめにし、
あとはソースで調節するようにするほうがスマート。
残ったゆで汁は洗い物に利用しましょう。

材料（2人分）

ベーコン … 100g
（1センチの細切り）
ベビーリーフ … 1袋
にんにく … 1かけ
（みじん切り）
鷹の爪 … 1本
（種を除いて輪切り）
オリーブオイル … 大さじ1
パスタ … 200g
塩こしょう … 少々
お湯 … 2リットル
塩 … 大さじ1

作り方

1. 塩を加えたたっぷりのお湯を沸かしパスタをゆではじめる。
2. 別の鍋にベーコンを入れて火にかけ、ベーコンの脂が出てきたら弱火にしてカリカリになるまでじっくり炒める。一度取り出しておく。
3. 2の鍋にオリーブオイルとにんにくを入れて火にかけ、香りがたってきたら火を少し弱め、にんにくもじっくり炒める。
4. 3に2のベーコンを戻し、パスタのゆで汁を$\frac{1}{4}$カップ加えてソースを作る。
5. パスタとベビーリーフも加えて塩こしょうで味をととのえる。

*1人分なら一体型も可

Camp / 02

ガーリックトマトスープ

ネパールのカトマンドゥで飲んだ思い出の味。
濃厚なトマトスープににんにくの風味が効いていて、パスタのソースとしても使えます。
もちろんパンとの相性もバッチリ。

材料（2人分）

にんにく … 1かけ（みじん切り）
玉ねぎ … ½個（みじん切り）
カットトマト … 1缶
水 … ½カップ
油 … 大さじ1
塩 … 小さじ½
こしょう … 少々
にんにく（仕上げ用）…
　1かけ（すりおろし）
クリームチーズ…適量

作り方

1. 鍋に油とにんにくを入れて火にかけ、香りがたってきたら玉ねぎを加えてしんなりするまで中火で炒める。
2. 1にトマト缶と水を加え、ふたをして弱火で10分煮込む。
3. トマトの甘みが出てきたら仕上げ用のにんにくを加え、ひと煮たちさせたら火を止め、最後にクリームチーズをのせる。

Camp / 03

ナッツ&ジンジャーチキン

インドネシアのサテ（ピーナッツソースの焼き鳥）のようなグリルチキン。
しょうがが入っているので見た目よりもさっぱりとしています。
家で鶏肉を漬け込んでから持って行けば、食べる前に焼くだけなので簡単です。

材料（2人分）

鶏もも肉 … 1枚　塩こしょう … 少々
〈つけだれ〉
- ピーナッツ・くるみ・アーモンドなどのナッツ（お好みで）… $\frac{1}{2}$カップ
- しょうが … 1かけ（すりおろし）
- はちみつ … 大さじ1
- ごま油 … 大さじ1
- 塩 … 小さじ1

作り方

1. 鶏もも肉は均等な厚みになるように開いて、身の面に塩こしょうをしておく。
2. つけだれのナッツを袋に入れて叩き、細かくつぶしたら、残りの材料と一緒によく混ぜておく。
3. 1の鶏肉を2のタレに1時間ほど漬け込む。
4. 熱したフライパンに3を皮目を下にして置き、ふたをして弱火でじっくり10分ほど蒸し焼きにする。

ALC　GAS*　GAS　FUEL
*1人分なら一体型も可

揚げ野菜のサラダ

揚げた根菜とバルサミコ酢のさっぱりしたドレッシングが絶妙です。
ワインのお供に是非作っていただきたい1品。
揚げ油は根菜が1/3ほど浸かっているくらいの量でも上手に揚がります。

材料（2人分）

じゃがいも … 1個
（2〜3センチ角）
かぼちゃ … 1/8個
（2〜3センチ角）
玉ねぎ … 1/2個
（くし形切り）
にんじん … 1本
（2〜3センチ角）
揚げ油…適量

〈ドレッシング〉
パセリ…1本分（みじん切り）
バルサミコ酢…大さじ2
塩…小さじ1/2
こしょう…少々
オリーブオイル…大さじ2

ALC　GAS　GAS　FUEL

作り方

1. ドレッシングの材料はよく混ぜ合わせておく。油を160℃くらいの低温に温める。
2. 野菜を低温からじっくりと揚げ、全体に火が通ったら（泡の出が少なくなってくるのが目安）、少し油の温度を上げてカラッとさせ、油をきる。
3. 熱いうちにドレッシングとからませる。

Camp / 05

蒸し フルーツ ケーキ

卵も乳製品も使わない体にやさしい蒸しケーキ。
バナナは上に飾らずに、
軽くつぶしてから生地に練りこんでもよいです。
その場合は豆乳の量を少し減らしましょう。

材料（4人分）

A | 薄力粉 … 2カップ
ベーキングパウダー … 小さじ1
塩 … ひとつまみ

B | ドライフルーツの洋酒漬け* … ¼カップ
豆乳 … 1カップ
菜種油 … ¼カップ
甜菜糖 … 大さじ2

バナナ … 1本（輪切りにする）

*2人分なら一体型も可

作り方

1. ABはそれぞれよく混ぜ合わせておく。大きな鍋の底に網を敷き、網の下くらいまでの水（分量外）を入れ、お湯を沸かす。
2. AにBを加えさっくり混ぜ合わせたら、クッキングシートを敷いた型に流し込み、上にバナナを飾る。1の鍋に入れ、ふたをして弱火でじっくり30分ほど蒸す。

*ドライフルーツの洋酒漬け

材料

レーズン
ドライイチヂク
プルーン
くるみ
ブランデーもしくはラム

作り方

1. ドライフルーツをお湯にさっとくぐらせ、水気をペーパータオルなどでふき取っておく。くるみはフライパンで乾煎《からい》りする。
2. 煮沸消毒した瓶に1を入れ、上からブランデーを注ぐ。2〜3日後から使えるが1ヶ月くらい寝かせるとさらに味が染み込む。

瓶の煮沸消毒のしかた

鍋にお湯を沸かし、全体が浸かるように瓶を入れる。5分ほど置いたらトングで取り出し、自然乾燥させる。

和風キャンプ
フルコース

キャンプというと洋風のメニューが多くなるのはなぜなのかしら？　テーブルとイスもいいけれど、ブランケットの上に足を投げ出して座る「和」のスタイリングも私のお気に入り。そんな和のスタイルに合わせて、料理もほっこり和める和食を紹介します。和食のよいところは素材の味を生かし、そして油をあまり使わないのでとってもヘルシーということ。せっかく気持ちのよい時間を過ごすなら、料理も体にやさしいものを食べたいですよね。

今回はやわらかく炊きあげたタコ飯を中心に、シーフードを使ったメニューを用意しました。日本酒の熱燗をちびりちびりと飲みながら、いつまででも食べていたくなりそうですね。ご飯の炊き方のコツがつかめればいろいろな炊き込みご飯に挑戦でき、料理の幅もぐっと広がります。

いい気分になってそのまま寝てしまわないよう要注意ですよ。

Camp / 06

タコ飯

風の影響を受けやすい野外でご飯を炊く場合、
時間はあくまでも目安。鍋から上がってくる蒸気が少なくなり、
おこげの香ばしい香りがしてきたら出来上がりの合図です。

材料（4人分）

ゆでだこ … 200g
油揚げ … 1枚（千切り）
米 … 2合
水 … 2合
酒 … 大さじ1
醤油 … 大さじ1
万能ねぎ … 適量

*2人分なら一体型も可

作り方

1 ゆでだこはさっと洗って水気をふき、食べやすい大きさに切っておく。

2 米を洗い、分量の水と 1 のたこ、調味料を鍋に入れてふたをし、15分ほど浸水させてから火にかける。

3 沸騰したら弱火にして15分ほど炊き、火を止めて10分蒸らす。最後に万能ねぎをちらす。

POINT

鍋のふたの上に石をのせると圧がかかり、上手に炊けます（写真上）。また、バーナーと鍋の間に網（P123参照）を敷くと、鍋に火が均等にまわりやすくなります。

Camp / 07

ホタテのかき玉汁

ホタテの水煮缶を加えると一気に豪華なスープになります。
コーンクリームを加えずに醤油ベースの澄まし汁にしてもおいしいですよ。
上に飾る青菜は季節に合わせてチンゲン菜やクレソンに代えても。

材料（4人分）

ホタテの水煮 … 1缶（60g）
コーンクリーム缶 … 1缶（190g）
干ししいたけ … 1個
玉子 … 1個
水 … 3カップ
塩 … 小さじ½
酒 … 小さじ1
醤油 … 少々
三つ葉 … 適量

作り方

1. 鍋に水と干ししいたけを入れて30分くらい置く。干ししいたけが戻ったら一度取り出しスライスして鍋に戻す。
2. 1を火にかけ、沸騰したらホタテの水煮、コーンクリームを加え、再度沸騰したら火を弱めて調味料で味をととのえる。
3. 最後に溶き卵をゆっくり回し入れ火を止める。カップによそってから三つ葉を飾る。

ALC GAS GAS FUEL

Camp / 08

パプリカとピーマンのおひたし

ピリッとしたからしがアクセントになっていて、サラダ感覚で食べられるおひたし。
ピーマンは生よりもサッと熱を通すと甘みが増します。焼きなすと組み合わせてもおいしいですよ。

材料（4人分）

パプリカ … 1個（細切り）
ピーマン … 4個（細切り）
かつおぶし … 適量
醤油 … 小さじ1
黒酢 … 小さじ
ねりがらし … 少々

作り方

1. コッヘルにお湯を沸かし、沸騰したらパプリカとピーマンを30秒ほどサッとゆでる。
2. ざるに上げて水気を切り、あら熱が取れたら醤油と黒酢、ねりがらしで和え、最後にかつおぶしをかける。

Camp / 09

だいこんとエビの煮物

最初にだいこんを炒めることでアクがとれ、また早く火が通るようになります。
エビは煮すぎると固くなるので最後にさっと煮ましょう。

材料（4人分）

だいこん … ½本（1センチの輪切り
※大きい場合は半月切り）
エビ … 6尾　※むきエビでも可
しめじ … ½パック
万能ねぎ … 適量（小口切り）
しょうが … 1かけ（スライス）
ダシ … 2カップ
ごま油 … 大さじ½
甜菜糖 … 大さじ1
酒 … 大さじ1
醤油 … 大さじ2

*2人分なら一体型も可

作り方

1. 鍋にごま油を熱し、だいこんを焼く。表面に少し焦げ色がついてきたらダシを加える（ダシがない場合は水2カップと5センチの昆布を一緒に煮込む）。
2. 沸騰したら調味料としょうがを加え、ふたをして弱火で15分ほど煮込む。
3. だいこんが柔らかくなったらエビを加え、ふたをはずしてエビに火が通るまでさっと煮る。

POINT

エビの代わりに鶏手羽や魚を使ってもおいしくできますよ。タラやカツオを使う場合は身がくずれやすいので、エビ同様、最後にさっと煮ましょう。

Camp / 10

和風葛プリン

プリンといっても寒天を使っているので常温でもすぐに固まり、
外で作るのにピッタリのデザート。
河原のキャンプ場だったら川の水で冷やすとさらにおいしさアップですね。
ほうじ茶以外にも抹茶や紅茶などお好みでアレンジしてみてください。

材料（4人分）

寒天 … 4g
本葛 … 大さじ2
ほうじ茶 … 100cc（お湯120ccに大さじ1の茶葉）
豆乳 … 300cc
甜菜糖 … 大さじ2
あんこ … 適量
黒みつ … 適量
季節のフルーツ … 適量

作り方

1. 鍋に寒天と本葛を入れ、ほうじ茶を少しずつ加えて本葛を完全に溶かす。
2. 本葛が溶けたら豆乳と甜菜糖を加えて火にかける。
3. しばらくすると底の方から固まってくるので、焦がさないようにヘラなどでよくかき混ぜ、もったりするまで加熱する。
4. 熱いうちに器に移し冷ます。お好みであんこやフルーツを飾り、黒みつをかけて食べる。

Camp recipe / Breakfast

1バーナー朝ごはん

キャンプの朝は不思議といつもよりもお腹がすいてしまうもの。
1バーナーでしっかり朝ごはんを作っていただきましょう。
きっと素敵な1日がはじまりますよ。

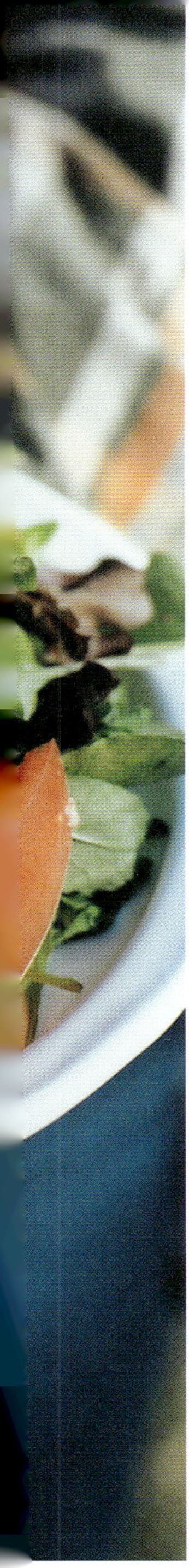

Breakfast / 01

ホットサンド

ほうれん草×目玉焼き×チーズ

ホットサンドクッカー（P123）は目玉焼きを作るのにとっても適した構造。
ぴったりとふたができるので、ほどよく蒸し焼きになって焼き加減も思いのまま。

材料（2人分）

ほうれん草 … ½束
（3センチに切る）
卵 … 2個
オリーブオイル … 小さじ1
塩こしょう … 少々
ミックスチーズ … 2枚
食パン … 4枚

作り方

1 ホットサンドクッカーにオリーブオイルを熱し、ほうれん草を炒める。しんなりしたら塩こしょうをして一度取り出しておく。次にオリーブオイルを熱して卵を割り入れ、ふたをして弱火で蒸し焼きにし一度取り出す。

2 ホットサンドクッカーを軽くふいた後パンを置き、1のほうれん草と目玉焼きをのせる。塩こしょうを少々ふってチーズものせ、パンでサンドしてふたを閉じて焼く。ふたを開けて焼け具合を確認しながら、ホットサンドクッカーを裏返して両面焼く。

Breakfast / 02

ホットサンド
きのこ×トマト×チーズ

きのことトマトは相性抜群。練りごまを内側に塗っているので
ベシャッとせずに仕上がります。入れるきのこはお好みで。

材料（2人分）

しめじ … ¼パック（小房に分ける）
エリンギ … ½パック（スライス）
トマト … 1個（スライス）
塩こしょう … 少々
オリーブオイル … 小さじ1
練りごま（白） … 少々
タバスコ … 少々
ミックスチーズ … 2枚
食パン … 4枚

ALC　GAS　GAS　FUEL

作り方

1 ホットサンドクッカーを熱し、オリーブオイルをひいてきのこを炒める。きのこがしんなりしたら塩こしょうで味をととのえ、一度取り出しておく。

2 ホットサンドクッカーを軽く拭き、オリーブオイルを薄く塗ったら内側に練りごまを塗ったパンを置く。その上にトマトと1のきのこを置き、上からタバスコをお好みでふりかけチーズものせる。

3 もう1枚のパンでサンドしたらふたを閉じて両面焼く。途中焦げていないかふたを開けて焼き具合を確認する。

Breakfast / 03

ホットサンド
ツナ×セロリ×粒マスタード

セロリのシャキシャキ感とツナの濃厚な味がベストマッチ。手に入るなら
ライ麦パンなどの食べごたえのあるパンで作るとさらにおいしいですよ。

材料（2人分）

ツナ缶 … 1缶
セロリ … ½本（斜め薄切り）
にんにく … ½かけ（スライス）
粒マスタード … 少々
オリーブオイル … 小さじ1
塩こしょう … 少々
ライ麦食パン … 2個

ALC　GAS　GAS　FUEL

作り方

1 ホットサンドクッカーにオリーブオイルとにんにくを入れて火にかけ、にんにくの香りがたってきたらセロリを加えてしんなりするまで炒め、軽く塩こしょうで味をつける。

2 1を取り出し、ホットサンドクッカーを軽くふいた後、オリーブオイルを薄く塗ったら、内側に粒マスタードを塗ったパンを置く。ツナ缶と1のセロリをのせてパンでサンドし、ふたを閉じて両面焼く。

Breakfast / 04

マッシュポテトのトマトパンケーキ

卵も乳製品も使わないパンケーキ。マッシュポテトのもっちり感とトマトの甘みと酸味が朝から食欲をそそります。バターの代わりにグレープシードオイルを入れていますが、べに花油などでも代用可。

材料（2人分）

じゃがいも … 2個
トマト … 1個（みじん切り）
豆乳 … 1〜2カップ
小麦粉 … 2カップ
ベーキングパウダー … 小さじ1
塩 … 小さじ½
甜菜糖 … 大さじ1
グレープシードオイル … ¼カップ
油 … 適量
〈ソース〉
トマト … 2個（ざく切り）
にんにく … 1かけ（みじん切り）
オリーブオイル … 小さじ1
塩こしょう … 少々

作り方

1. じゃがいもは皮付きのまま柔らかくなるまでゆで、皮をむいてボウルに入れてつぶす。
2. 1にトマトと豆乳、グレープシードオイルと甜菜糖を加えてよく混ぜる。別のボウルで小麦粉とベーキングパウダーと塩を混ぜ合わせておく。
3. 2の2つを混ぜ合わせ30分ほど置く。
4. フライパンを熱し、油を薄くしいて3の生地を流し込み、ふたをして弱火で蒸し焼きにする。表面に穴が空いてきたらひっくり返し、両面こんがりキツネ色になるまで焼く。
5. ソースを作る。鍋ににんにくとオリーブオイルを熱し、香りがたってきたらトマトを加えて中火で煮る。トマトの甘みが出てきたら塩こしょうで味をととのえる。

Breakfast / 05

ヨーグルト入り フルーツ パンケーキ

卵とヨーグルトがたっぷり入ってるしっとりしたパンケーキ。小さめに焼けばいくらでも食べられてしまいそうです。季節のフルーツを添えてどうぞ。

材料（2人分）

卵 … 2個
ヨーグルト … 1カップ
牛乳（もしくは豆乳）… 少々
小麦粉 … 2カップ
ベーキングパウダー … 小さじ1
メープルシロップ … 大さじ1
お好みのフルーツ
メープルシロップ
（仕上げにかける用）

ALC　GAS　GAS　FUEL

作り方

1 ボウルに小麦粉とベーキングパウダーを入れてよく混ぜておく。
2 別のボウルに卵を割り入れてほぐし、ヨーグルトとメープルシロップを加えてよく混ぜる。
3 1に2を加えて混ぜ合わせ、生地が固いようなら牛乳（豆乳）を足し、30分ほど休ませる。
4 フライパンを熱し、油を薄くしいて3の生地を流し込み、ふたをして弱火で蒸し焼きにする。表面に穴が空いてきたらひっくり返し、両面こんがりきつね色になるまで焼く。
5 皿に盛り、フルーツを飾ってメープルシロップをかけて食べる。

Breakfast / 06

バナナの豆腐ドーナツ

バナナとお豆腐の水分だけで作るのでしっとりもちもち。
豆腐が入ったヘルシードーナツなので、キャンプの朝ご飯にも向いていますよ。
揚げたて熱々はもちろん、冷めてからもしっとりしていて絶品です。
お好みで砂糖やメープルシロップをかけても。

材料（2人分）

木綿豆腐 … ½丁（180gくらい）
ベーキングパウダー … 小さじ1
バナナ … 1本
薄力粉 … 130〜150g
甜菜糖 … 大さじ2
シナモンパウダー … 少々
揚げ油…適量

作り方

1. ボウルに木綿豆腐を入れてよくつぶし、バナナも一緒につぶす。
2. 1に甜菜糖とシナモンパウダーを加えてよく混ぜ、ベーキングパウダーを加えた薄力粉を少しずつ加えて混ぜる（生地の固さは、柔らかいがまわりに薄力粉をまぶせばまとまるか、べとべとしないくらいが目安）。
3. 生地がくっつかないよう、薄力粉を振った台の上に2を置き、2センチくらいの厚さに伸ばしたらコップなどで型抜きし、180度の油で膨らむまでしっかり揚げる。

POINT

豆腐やバナナの大きさや水分量によって加える薄力粉の量は変わります。毎回分量が変わっても気にしないで。柔らかければ柔らかいなりに、固ければ固いなりにそれぞれおいしく出来ますよ。

焚き火料理

bonfire recipe

キャンプのたのしみ
焚き火は
“自然の1バーナー”

キャンプの楽しみはごはんともう1つ、焚き火です。

子供の頃、母が庭の柿の木の落ち葉を集めて焚き火をしました。私はその横でおきになった火を使ってのおままごと。焦げついて使えなくなった小鍋と、切れ味の悪い包丁をおままごと用にもらい、雑草や花を焚き火を使ってぐつぐつと煮込みます。もちろん焚き火の中には焼き芋が入っていることも多かったのですが、私はその焼き芋よりも焚き火でのおままごとの方がずっとおもしろかったのです。

私の母は焚き火の天才。どんなに湿った草でも上手に燃やすことができるし、焚き火の跡はいつも燃えかすなどは残らずきれいになります。そんな母に焚き火のしかたを教わったわけではありませんが、いつからか私も焚き火が大好きになりました。焚き火は見ているだけで心が落ち着き、言葉を交わさなくても、そこにいる人たちが不思議と心が通ってしまうようなそんな気にさえしてしまうほど。

そして焚き火は料理を作ることもできます。燃やす木の種類によっても炎の温度や形は変わりますが、ガスや電気ともまた違った味わいの料理になるのが不思議です。そう思えば焚き火もある意味、1バーナーなのかもしれませんね。

bonfire recipe / 01

高菜とオリーブの焚き火チャーハン

ゴーゴーと燃える焚き火の上で中華鍋を振る友人を見て、かっこいいな〜と思いました。
強火で仕上げるチャーハンはパラパラだけどしっとりしていて、そしてどこかスモーキー。

材料（2人分）

ご飯 … 1合
油 … 大さじ2
にんにく … 1かけ（みじん切り）
高菜 … ¼カップ（みじん切り）
オリーブ（種なし）…
5〜6個（スライス）
塩こしょう…少々

作り方

1. 中華なべ（またはフライパン）をよく熱し、油をひいてにんにくと高菜、オリーブを入れて軽く炒める。
2. ご飯を入れて強火で炒め合わせ、塩こしょうで味をととえる。

1バーナーで調理するときは

火力の小さい1バーナーを使う場合、先にフライパンから煙が出るくらいまで加熱すると、ご飯がくっつかずパラパラに仕上がります。

bonfire recipe / 02

チキンのオニオンガーリックソテー

ニンニクのきいたオニオンソースに漬け込んだチキンを焚き火でじっくりグリルします。
ソースに油が入っているのでソースごとフライパンに入れて焼いてしまいます。
焚き木の炎が落ち着き、炭のようになったところでじっくり焼くのがポイントです。

材料（2人分）

鶏もも肉 … 2枚
玉ねぎ … 1個（すりおろし）
にんにく … 1かけ（すりおろし）
オリーブオイル … 大さじ2
塩 … 小さじ1
こしょう … 少々
ドライパセリ … 小さじ½

作り方

1. 鶏もも肉は塩こしょうをしてしばらく置く。玉ねぎ、にんにく、オリーブオイル、ドライパセリはよく混ぜ、漬けダレを作る。
2. 玉ねぎの漬けダレに、鶏肉を2～3時間漬け込む。
3. 2を漬け汁ごと熱したフライパンに入れて中火で鶏肉に火が通るまで両面焼く。

1バーナーで調理するときは

フライパンにふたをして皮目からじっくり焼きます。燃料節約のためにも鶏肉は均等な厚さになるように包丁で開いておくといいでしょう。手順1、2を家で行い、漬け込んだチキンを持って行くと現地で手早く調理ができます。

bonfire recipe / 03

キャベツと白いんげん豆の煮込み

ダッチオーブンでじっくり煮込むスープは余計な味つけなどせず、塩こしょうだけで味をととのえます。白いんげんは腹持ちもよく、メインになるくらいのボリューム感があります。ダッチオーブンに入れっぱなしにすると色が黒くなりますのでご注意を。

材料（4〜5人分）

キャベツ … ½個（ざく切り）
白いんげん豆の水煮 … 1カップ
ペコロス（小玉ねぎ）… 10個
にんじん … 1本（大きめの乱切り）
水 … 2リットル
塩 … 大さじ1
こしょう … 少々
イタリアンパセリ … 適量
油 … 大さじ1

作り方

1. ダッチオーブンに油を熱し、ペコロスを炒める。表面に焦げ色がついてきたら水とキャベツ、にんじんを加え、ふたをして煮る。
2. にんじんが少し柔らかくなってきたら、白いんげん豆を加えさらに煮る。
3. 野菜が柔らかくなったら塩こしょうで味をととのえ、最後にイタリアンパセリを加える。

1バーナーで調理するときは

1バーナーの場合、大きいダッチオーブンは使えないので、普通の鍋を使います。にんじんやキャベツは小さめにカットしてから煮ましょう。

Chapter 4

デイキャンプ

Day Camp

Day Camp / 海編 / 01

エビのビリヤーニ

ビリヤーニとはスパイスが一杯入ったインド風の炊き込みご飯のこと。
お米は、手に入ればインディカ米を使うとパラパラになって、
より本格的な味になります。
スパイスや調味料（材料A）は、自宅で混ぜて持って行くと便利でしょう。

材料（2〜3人分）

白米 … 2合（洗って水を切っておく）
水 … 2合
エビ（ブラックタイガーなど）… 200g
（殻をむき頭と背ワタを取っておく）
玉ねぎ … ½個(みじん切り)
ピーマン … 1個（1センチの角切り）
パプリカ … ½個（1センチの角切り）
にんにく … 1かけ（みじん切り）
油 … 大さじ1
ローリエ … 2枚
パクチー … 適量

A
塩 … 小さじ1
こしょう … 少々
ターメリック … 小さじ¼
クミンパウダー … 小さじ¼
コリアンダーパウダー … 小さじ¼
カイエンペッパー … お好みで
ガラムマサラ … 小さじ½

ALC GAS GAS FUEL

作り方

1. フライパンに油とにんにくを入れて火にかけ、香りがたってきたらエビを入れる。赤くなるまで炒めたら、一度取り出しておく。
2. 1に玉ねぎ、ピーマン、パプリカを加えしんなりするまで炒めたら米を入れ、2〜3分炒める。
3. 2にAのスパイスを加えてよく炒め、水と1のエビを戻してふたをする。
4. 沸騰したら弱火にして15〜20分くらい炊き、火を止めて10分蒸らす。お好みでパクチーを飾る。

Day Camp / 海編 / 02

魚と旬の野菜の蒸し焼き スイートチリソース

ル・クルーゼなどの琺瑯《ほうろう》鍋も思い切って外に持ち出しましょう。
アウトドア料理とは思えないくらい本格的な料理が作れてしまいますよ。
魚も野菜もお好みの旬のものでお試しください。
スイートチリソースは自宅で作って持って行きましょう。

材料（4人分）

白身魚の切り身 … 3〜4切れ
カブ … 1個（くし形切り）
ペコロス（小玉ねぎ）… 5〜6個
にんじん … 1本（輪切り）
ブロッコリー … 1個
にんにく … 1かけ（みじん切り）
塩こしょう … 少々
オリーブオイル … 大さじ1
白ワイン … 1カップ

作り方

1. 白身魚には軽く塩こしょうをしてしばらく置き、水分が出てきたらキッチンペーパーなどでよくふき取る。
2. 厚手の鍋にオリーブオイルとにんにくを入れて火にかけ、香りがたってきたらペコロスとにんじんを中火で炒める。両面に少し焦げ色がついてきたら残りの材料を入れ、塩こしょうと白ワインを全体に振り、ふたをして火にかける。蒸気が上がったら弱火にして蒸し焼きにする。
3. スイートチリソースをかけて食べる。

スイートチリソースの作り方

鷹の爪 … 4本（種を出して輪切り）
にんにく … 1かけ（みじん切り）
甜菜糖 … ¼カップ
酢 … ½カップ
塩 … 小さじ1
醤油 … 小さじ¼

スイートチリの材料を鍋に入れて火にかけ、弱火で3分ほど煮つめる。

Day Camp / 海編 / 03

大量の蒸し貝

新鮮な貝がたくさん手に入ったら、
余計なことはせずに豪快に蒸し焼きにします。
これが一番おいしい食べ方。
みんな無口に貝をつついている姿はなんだか微笑ましいですよ。
冷やした白ワインやビールと一緒にどうぞ。

材料（お好みの分量）

牡蠣、ハマグリ、
ムール貝など … 適量
酒 … 適量
あさつき … 適量
レモン … 適量

作り方

1. 鍋に貝を入れ、酒を振って蒸し焼きにする。
2. 貝の口が開いたら出来上がり。あさつきやレモンをお好みでかけて食べる。

POINT

貝の口が開くと水分が出てくるので、加えるお酒の量はあくまでも最初の呼び水程度にしましょう。お酒は白ワインがベストですが、日本酒でもビールでもその場にあるもので代用できます。

Day Camp / 海編 / 04

タコとイカのトマトスープ

真っ赤なスープの隠し味はパプリカパウダー。
赤をいっそう綺麗にしてくれ、味のアクセントにもなります。
タコやイカ以外にもエビを入れてもいいですね。

材料（4人分）

タコ … 200g
イカ … 200g
玉ねぎ … 1個（みじん切り）
にんにく … 1かけ（みじん切り）
トマト缶 … 2缶
オリーブオイル … 小さじ1
塩 … 小さじ1
こしょう … 少々
パプリカパウダー … 小さじ1
ビール … 1カップ

サワークリーム … 適量
パセリ … 少々

*2人分なら一体型も可

作り方

1. 鍋ににんにくとオリーブオイルを入れて火にかけ、香りがたってきたら玉ねぎを加えて中火で炒める。
2. 玉ねぎがしんなりしてきたらトマト缶とタコ、イカを加え、ふたをして弱火で10〜15分煮る。
3. タコとイカが柔らかくなったら火を止め、器によそってお好みでサワークリームとパセリをのせる。

POINT

タコとイカは強火で煮ると固くなるので、弱火でじっくりと煮込みましょう。辛いのが好きな人はお好みで鷹の爪やチリパウダーを加えても。

Day Camp / 海編 / 05

鯛めし

愛媛の友人がキャンプで作ってくれた鯛めし。
キャンプで鯛めしが作れるなんて本当に目からうろこだった一品ですが、
実は簡単でとってもおいしい。
小さめの安い鯛が手に入ったら是非作ってみてください。
火にかける時間（手順3）はあくまでも目安。上がる蒸気が少なくなって、
お焦げの香ばしい香りがしてきたら火を止める合図です。

材料（4人分）

鯛 … 1匹
米 … 3合
水 … 2合半
塩 … 小さじ½
酒 … 小さじ1
醤油 … 小さじ½
昆布 … 5センチくらい
あさつき … 少々

ALC GAS GAS FUEL

作り方

1. 鯛は買ってきてすぐにうろことエラと内臓を出し、よく洗う。
2. 鍋に洗った米と水・酒・醤油・昆布を入れ、30分ほど浸水させる。
3. 2の上に1の鯛をのせ、ふたをして火にかける。沸騰したら弱火にして15分炊き、火を止めて10分蒸らす。
4. 昆布と鯛を取り出し、鯛をほぐしてからご飯に戻す。さっくり混ぜ合わせたら、お好みであさつきを散らす。

POINT

うろこや内蔵を取るのが苦手な人は、鯛を買うときにお店の人に下処理をお願いしましょう。

Day Camp / 山編 / 01

鶏とりんごの煮物

りんごの酸味がほどよく、
煮汁にパンを浸して食べると最高においしい一品。
秋から冬に食べたいレシピにしました。
もちろんワインとの相性もばっちり。

材料（2〜3人分）

手羽元 … 200g
りんご（紅玉など）… 1個
オリーブオイル … 小さじ1
白ワイン … 100cc
醤油 … 小さじ1
塩こしょう … 少々
クレソン … 適量

作り方

1 鍋にオリーブオイルを熱し、手羽元の表面がこんがりするまで中火で焼きつける。
2 1にりんごを加え、白ワインを注いで手羽元に火が通るまでふたをして弱火で煮込む。醤油を加えて塩こしょうで味をととのえ、最後にクレソンを飾る。

POINT

手順1で手羽元にしっかり焼き色をつけておくと、仕上がりがきれいになります。

ALC GAS* GAS FUEL
*1〜2人分なら一体型も可

Day Camp / 山編 / 02

野菜のフライ

外で揚げ物。ちょっとハードルが高いと感じるかもしれませんが、
外で食べる揚げたてのフライは最高のご馳走です。
にんじんやじゃがいものような固い野菜は、
家で固めにゆでるか蒸して持って行きましょう。
食材は季節に合わせてお好みのものをお好みの量で。

材料（お好みで）

にんじん … 1本（乱切り）
じゃがいも … 2個（くし形切り）
しめじ … 1パック
いんげん … 10本
揚げ油 … 適量
〈衣〉
- 小麦粉 … ½カップ
- 片栗粉 … 大さじ3
- パン粉 … 適量
- 水 … 適量
- 塩こしょう … 少々

〈ソース〉
- ソース、ケチャップ、オイスターソース、こしょう … 適量

作り方

1. 小麦粉と片栗粉を混ぜ合わせたら、野菜に粉をまぶす。
2. 残った1の粉に水を加えてヨーグルトくらいの固さにのばし、野菜をくぐらせたらパン粉をつけ、180度くらいの油でこんがり揚げる。フライから出てくる泡が少なくなってきたら揚げ上がりです。

POINT

衣に卵を使わないかわりに、小麦粉に対して3割の片栗粉を加えます。そうするとカリカリの軽いフライになるのでお試しを。揚げ油の処理のしかたはP56。

Day Camp / 山編 / 03

きのこのソテー&バゲットトースト

オイルできのこをソテーし、塩こしょうで味つけするだけの簡単レシピ。
でもこれ以上、おいしい食べ方はないのでは? と思うのです。
お酒のお供にも小腹がすいたときにも最適です。

材料（4人分）

しめじ、まいたけ、しいたけ、
　エリンギ、マッシュルームなど …
　あわせて2パックほど（小房に分ける）
鷹の爪 … 1本（種を除いて輪切り）
油 … 大さじ1
塩こしょう … 少々

バゲット … 1本（斜めスライス）
オリーブオイル … ¼カップ
にんにく … 1かけ（みじん切り）

作り方

1 フライパンに油を熱し、きのこと鷹の爪を炒める。きのこがしんなりしてきたら、塩こしょうで味をととのえる。オリーブオイルとにんにくは、よく混ぜておく。

2 バーナーに網（P123）をセットし、1のガーリックオイルを塗ったバゲットをのせてこんがり焼く。

3 焼いたバゲットの上に、きのこのソテーをのせていただく。

POINT

きのこは弱火で炒めると水っぽくなるのでなるべく強火で炒めましょう。

EPIgas
(日本製)

Day Camp / 山編 / 04

アンチョビポテト

アンチョビとじゃがいもの最強コンビ。名前を聞いただけでおいしくないわけがない！と確信してしまいますよね。パセリが加わるとさっぱりした風味になっていくらでも食べられてしまいます。

材料（2〜3人分）

じゃがいも … 2個（くし形切り）
パセリ … 少々（みじん切り）
アンチョビ … 1缶（みじん切り）
オリーブオイル … 大さじ1
にんにく … 1かけ（みじん切り）
こしょう … 少々

作り方

1 フライパンにオリーブオイルを熱し、じゃがいもをじっくり炒める。じゃがいもに火が通ったら一度取り出し、あまった油をふき取る。

2 1のフライパンにアンチョビとにんにくを入れて再度火にかけ、香りがたってきたら1のじゃがいもを戻してからめる。最後にこしょうで味をととのえる。

POINT

じゃがいもは多めの油で揚げ焼きにし、余計な油をふき取ることで油っぽさを抑えます。

チョウメン

チョウメンとはチベット風焼きそばのこと。数年前にチベットからネパールを旅したときによく食べました。日本の焼きそばとほとんど一緒なのですが、ここにスパイスが加わると一気に本格アジアンフードに変身しますよ。

材料（2人分）

玉ねぎ … ½個（スライス）
にんにく … ½かけ（みじん切り）
にんじん … ⅓本（千切り）
ピーマン … 1個（千切り）
もやし … ½袋　中華麺 … 2玉
油 … 大さじ1
A｜ガラムマサラ … 大さじ1
　｜塩こしょう … 少々
　｜ソース … ¼カップ

ALC　GAS　GAS　FUEL

作り方

1 フライパンに油とにんにくを入れて火にかけ、香りがたってきたら玉ねぎとにんじん、ピーマン、もやしを加えてしんなりするまで炒める。

2 1に中華麺を加えてほぐしながら炒め、Aも加えて炒め合わせる。

POINT

このチョウメンをパンでサンドすればチベット風焼きそばパンに!!　これも懐かしいダージリンの屋台の味です。

Day Camp / 山編 / 06

バジルと半熟たまごのパニーニ

半熟たまごは、水からゆでて沸騰したら5分で火を止め、すぐに水にさらして冷ましましょう。
固ゆでの場合は、ゆで時間10分。家で作って持って行くと割れにくいのでよいと思います。
夏場はたまごが傷みやすいので注意してください。

材料（2人分）

オリーブオイル … 少々
粒マスタード … 少々
トマト … ¼個（スライス）
バジルの葉 … 3〜4枚
モッツァレラチーズ … 適量
半熟たまご … 1個（スライス）
塩こしょう … 適量
※パニーニの生地の作り方はP114

Day Camp / 山編 / 07

ブルーベリーとチョコレートのパニーニ

デザートパニーニ。チョコレートとマシュマロがトロリと溶けて、ブルーベリーのほどよい酸味との組み合わせが最高です。チョコレートはビターやミルクなどお好みのものを使ってくださいね。

材料（2人分）

ブルーベリー … ½カップ
チョコレート … 20gくらい
（細かく刻む）
マシュマロ … 4〜6個
※パニーニの生地の作り方はP114

パニーニ2種の作り方

1. パニーニの生地を手で軽くつぶすように縦長に伸ばす。
2. 生地の片面にオリーブオイルを塗って具をのせ、もう1枚の生地を上にのせる（ブルーベリーとチョコレートのパニーニの場合は、オイルを塗らずに生地に直接具をのせる）。
3. 生地の端をつまむようにしてしっかり閉じる。
4. ラップをかぶせて1.5倍に膨らむまで10分ほど置く。
5. フライパンに油を熱したら、4を弱火でじっくり、ときどきフライ返しで押しつけながら両面焼く。

パニーニ
生地の作り方

材料（2人分）

強力粉 … 2カップ
ドライイースト … 小さじ2
ぬるま湯 … 1カップ
油 … 小さじ2
甜菜糖 … 大さじ3
塩 … 小さじ½

作り方

ボウルに強力粉とドライイースト、甜菜糖、塩を入れて軽く混ぜ、人肌くらいのぬるま湯を加えて手で混ぜる。

1の生地のきめが細かくしっとりするまでこね、油も加えてよくこねる。

生地が1.5倍に膨らむまで、ラップをして温かいところ（日なたなど）で30〜40分ほど発酵させる（写真右が1.5倍に膨らんだ生地）。

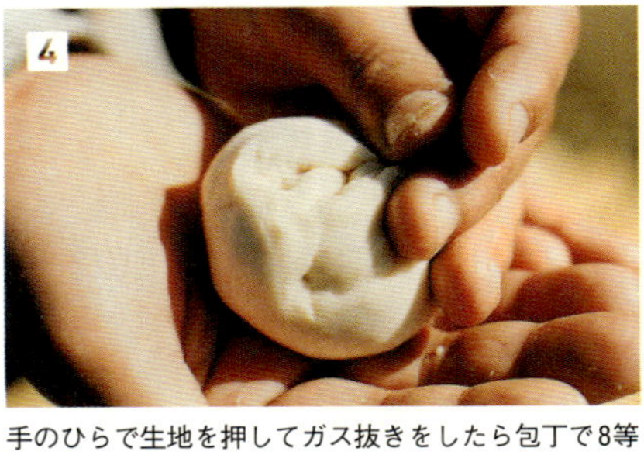

手のひらで生地を押してガス抜きをしたら包丁で8等分し、手で丸める。

丸めた生地をお皿にのせ、ラップをかぶせて10分休ませる。1人分のパニーニで、生地の玉2つを使用（写真の生地で4人分）。

Chapter 5

1バーナー＆調理道具紹介

1burner & Cookware

代表的な1バーナー

1バーナーにはさまざまな種類があり、燃料別に分けてもアルコール、ガス、ホワイトガソリンなどがあります。ここでは代表的な1バーナーを紹介しますので選ぶ際の参考にしてみてください。

※固形燃料を燃やすタイプの火器は「ストーブ」と表記しています。

ガスボンベ・一体型

GAS

ガスボンベから外し
五徳をたたんだ状態

ギガパワーストーブ“地”
／snow peak

153ウルトラバーナー
／primus

ボンベの上に設置するタイプのガス式バーナー。一番の特徴は小型で軽量のものが多く、登山などに向いています。五徳（鍋やフライパンなどをのせる部分）が折りたためるタイプと折りたためないタイプがあり、大きさや軽さだけでなく最大出力や素材によっても値段はさまざまです。小さいものはコッヘル（鍋）の中にガス缶と一緒に収納できるので、登山だけでなく電車で行くようなキャンプやピクニックなどにも便利です。ただ五徳が折りたためる構造上、鍋を置いたときの安定性に欠け、小さい鍋しか使えないのが難点。重さや収納性を気にしない車でのキャンプであれば安定性の高いものを選ぶのもよいかもしれません。

○

- 小型で軽量
- 手軽

［ 向いている料理 ］

- スープ　・麺類
- 少人数用の料理
- サッと作れるような料理

×

- 安定性が悪い
- ガス缶がゴミになる

［ 向いていない料理 ］

- じっくり煮込む料理
- 大人数の料理

ガスボンベ・セパレート型

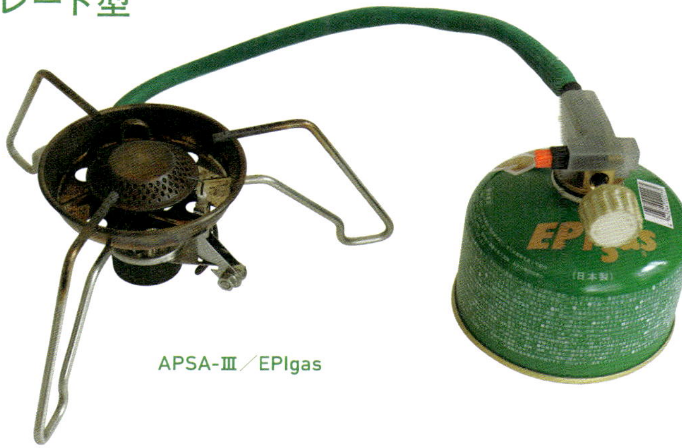

APSA-Ⅲ／EPIgas

ガスボンベから外し
五徳をたたんだ状態

　ボンベと五徳の間にホースがついているタイプのガス式バーナー。このタイプは安定性が高く、また燃焼時におこる輻射熱《ふくしゃねつ》の問題（輻射熱でガス缶が熱くなってしまう問題）をカバーしてくれます。一体型に比べて五徳が大きいものが多いので少し大きめの鍋で調理をしたり、風が強い場合には風防（P124）を使うこともできるので、本格的な料理を楽しみたい人におすすめ。ただホースがついている分、収納性には欠けるので、少人数での登山よりもキャンプなどに向いていると思います。

〇

- 安定性が高い
- 大きな鍋が使える
- 輻射熱の影響を受けにくい

［ 向いている料理 ］

- ご飯
- 煮込み料理
- 揚げ物
- 大人数の料理

✕

- 収納性が悪い
- ガス缶がゴミになる

［ 向いていない料理 ］

- とくになし

家庭用コンロのガスが使える

一体型1バーナー

家庭用カセットコンロのガスボンベを使用できるタイプの一体型1バーナー。燃料となるガスボンベはスーパーやコンビニでも購入できるので、キャンプやピクニック先でガスが切れたとしても燃料調達が簡単なのが魅力的です（ガスボンベは、バーナーと同じメーカーのものを使いましょう）。ただ、P116やP117上で紹介しているようなアウトドア用のガス缶に比べるとコンパクト性に欠けるため、登山には不向きかもしれません。

カセットガス
ジュニアバーナー
／iwatani

ガソリンタイプ

FUEL

カレーフォンデュ
(→P22)

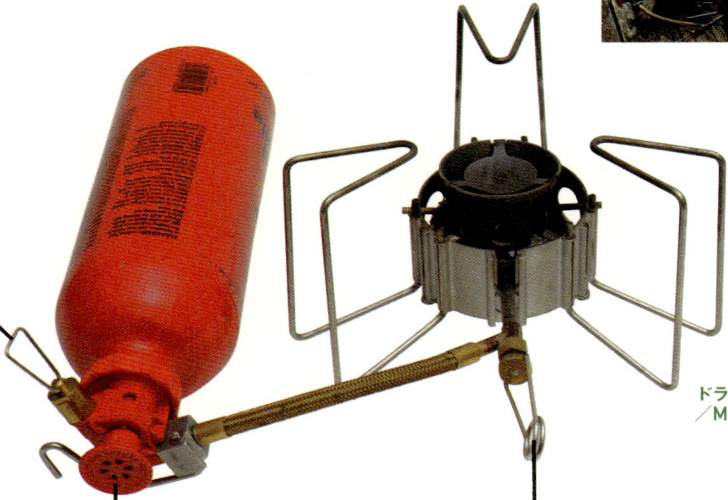

燃料ボトルから外し
五徳をたたんだ状態

ホワイトガソリンを圧縮して気化させるタイプのバーナー。ガスボンベを燃料とするバーナーに比べて操作性が難しく中級者向けですが、燃焼効率がよく、長期の縦走登山やベースキャンプではその威力を発揮します。また、ガスに比べて寒さに強いため、寒冷地での使用には一番適しているのでスノーキャンプには欠かせない存在です。慣れてしまえばそれほど難しくはありませんが、燃焼時に大きな音が出るので早朝のキャンプ地では周りに配慮が必要です。

○

- 安定性が高い
- 大きな鍋が使える
- 輻射熱の影響を受けにくい
- 燃焼効率がよい

[向いている料理]

- ご飯
- 煮込み料理
- 揚げ物
- 大人数の料理

×

- 操作性が難しい
- 燃焼時の音が大きい

[向いていない料理]

- とくになし

ガソリンタイプバーナーのつけ方

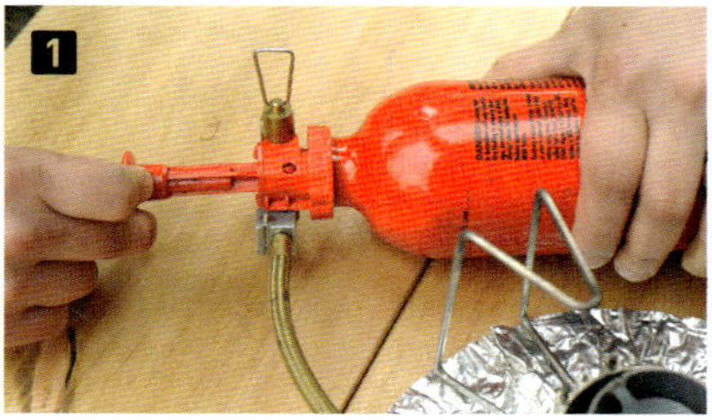

ブランジャーと呼ばれるつまみを20〜30回、抵抗が感じられるまで押す。

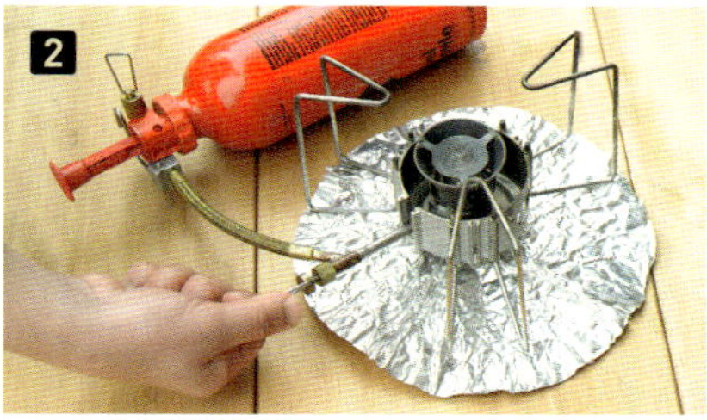

燃料ボトルのバルブを全開にし、フレームについているバルブを少し開く。

少量の燃料が噴出してきたら、フレームのバルブを閉じる。

火をつけ、炎が消えるまで燃焼させる（プレヒート）。

バーナーが冷めたらフレームのバルブを少しまわして再度火をつける。

青い炎になったら、フレームのバルブで炎を調節する。

消すときは…

火を消すときは先にボトルのバルブを閉じる。

ホース内の燃料が燃えつき火が消えたら、フレームのバルブを閉じる。

アルコールバーナー

ALC

燃料となるアルコール
- 燃料用アルコール（メタノール）
- 消毒用アルコール（エタノール）

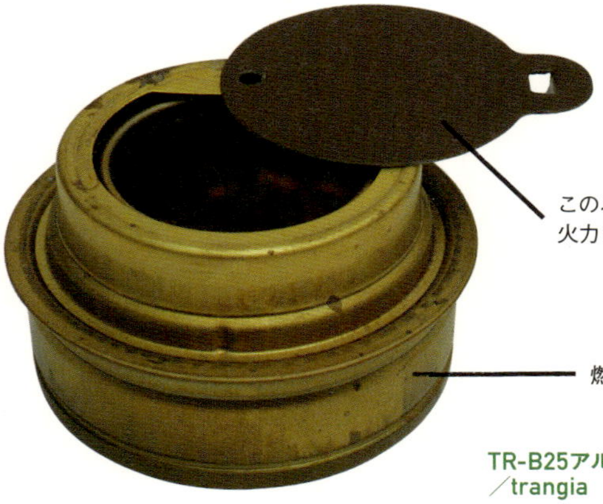

このふたを開閉して
火力を調整する

TR-B25アルコールバーナー／trangia

燃料用アルコールに火をつけるタイプのバーナー。微妙な火力の調節はできませんが、スライド式になっているふたを開閉することで大雑把な調節は可能です。シンプルな構造なので故障することがほとんどなく、燃料は薬局でも購入できます。主に鍋物やお湯を沸かすなどの料理が一番向いていますが、炒め物や煮物を作ることも可能です。燃料タンクに3分の2ほどアルコールを入れると、約25分間の料理が可能。燃焼には大量の酸素を必要とするので、絶対にテントや車の中で使わないでください。

○
- 故障しにくい
- 燃料が手に入りやすい

［ 向いている料理 ］
- スープ
- 鍋物

×
- 細かな火力調整ができない

［ 向いていない料理 ］
- 揚げ物
- 大人数の料理
- 微妙な火力調節が必要なもの

扱いやすくコンパクト！
固形燃料ストーブ

固形燃料に火をつけるだけの一番シンプルなストーブ。温泉旅館の夕食で出される1人用鍋、これを温めるときに使うものを想像していただければ分かりやすい。コンパクトにまとまる構造で、また誰でもすぐに使える手軽さが魅力。昔から変わらないシンプルで完成されたデザインにぐっとくるのは私だけでないはず。ただ、微妙な火力の調節ができないので、主にお湯を沸かしてスープを作ったり、温めるだけの料理に向いています。

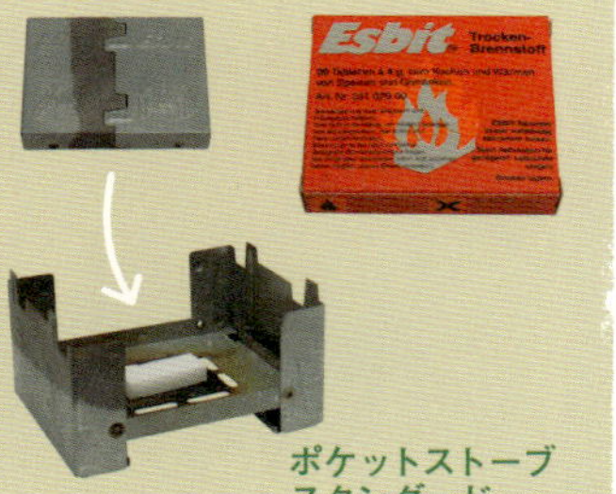

ポケットストーブ スタンダード／Esbit

私の調理道具いろいろ

外ごはんを楽しむために必要な道具はいろいろあります。
行く場所や人数によっても変わりますが、アウトドア専用のものだけでなく、
雑貨屋で売ってるものや軍物の食器など自分のお気に入りの物を探すのも楽しみの1つです。

鍋

外で使える鍋にはいろいろな素材のものがあります。軽さと丈夫さを追求するなら登山用に売られているチタン、軽さだけで言えばアルミもあります。その他にはステンレスや琺瑯《ほうろう》などさまざまな種類がありますが、シチュエーションに合わせて使い分けるのがよいと思います。アウトドア専用のものだけでなく、普段家で使っているお鍋などを試してみるのがよいですね。ただ、ルクルーゼや鉄鍋など重いものは使うバーナーの種類を考えた方がよいでしょう。大きさはバーナーの上にのせたときに五徳から大きくはみ出したりしない、丁度いい大きさの鍋を使うことも重要です。

入れ子のコッヘルセット

ATSチタンクッカーTYPE3セット／EPIgas

大きさの違う鍋が入れ子になった登山用に作られた鍋のセットがあります。ふたは簡易フライパンや取り皿、カップとしても使える素材もチタンやアルミなど軽い素材が多く、山登りには大変重宝します。なかには鍋やフライパン、お皿ややかんなどがセットになっていて4～5人分の料理が作れる本格的なものもあり、大人数での縦走以外にもキャンプやバーベキューでも大活躍してくれる優れものです。入れ子になっているので持ち運びだけでなく自宅での収納性に優れているところもよいですね。

フライパン

車で行くキャンプの場合、私は普段家で使っている鍋やフライパンを持って行きます。2バーナーなどの大型の火器がある場合は大きなフライパン、1バーナーだけのときは小さいフライパン。外での不慣れな調理にはなるべく使い慣れたものを持って行った方がスムーズに料理を楽しむことができるし、外でしか使わないものをたくさん持つのはなんだかもったいないように思うのです。
「外ごはんを始めるのにはまず道具から」ではなく、とりあえず家にあるものを外に持ち出してみましょう。

小さいダッチオーブン

ロッジロジックキャンプオーブン6インチ／LODGE

外ごはんの道具の王様はやっぱりダッチオーブン。五徳が小さく軽い素材でできている1バーナーで使うのはなかなか難しいのですが、スキレットなどのフライパンタイプや小さいダッチオーブンであれば、調理時間を短めにすれば使うことができます。鍋底からの輻射熱があるため、バーナーはセパレートタイプ（ガス式P117、ガソリン式P118）に限られますが、炊き込みご飯や魚介の蒸し焼きなどはやはりダッチオーブンで作ると格別なのです。くれぐれも取り扱いにはご注意を。

軍物の調理器具

私が使っている道具には軍物がよく登場します。雑貨屋さんやインターネットで購入することが多いのですが、値段も手ごろで何よりシンプルでアウトドア用グッズにはない無骨な表情が気に入っています。チタンのような軽い素材はほとんどなく、ステンレスや厚いアルミなど山に持って行くにはちょっと無理があるかもしれませんが、キャンプやピクニックには断然お洒落でカッコいいのです。多少傷がついたりへこんだりした方が愛着が沸くのでガンガン使いましょう。

カップ

普段の外ごはんで使う皿やカップは、アルミや琺《ほう》瑯《ろう》、木のものが中心。外だからと言ってプラスチックや、よくあるメラミンの食器はどうしても料理をおいしく見せることができないからです。食べることが大好きな私にとって、キャンプやピクニックでの食事はメインイベント。味だけでなく目にもおいしい食卓を作るために、日頃から雑貨屋さんや食器屋さんで「外で使えるものは～」と目を光らせているのです。寒い時期には2重構造のカップや直火にもかけられるロッキーカップもおすすめです（ともにアウトドアショップで購入できます）。

トースター

ステンレストースター
／GSI

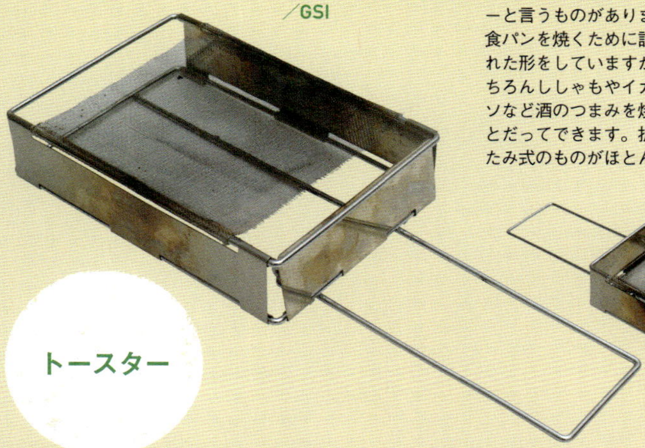

1バーナー用のトースターと言うものがあります。食パンを焼くために設計された形をしていますが、もちろんししゃもやイカのゲソなど酒のつまみを焼くことだってできます。折りたたみ式のものがほとんどなのでかさばらず、とりあえず持って出かけると何かと便利に使えます。折りたたんだ状態で鍋とバーナーの間に敷けば、熱を均等に広げてくれるバーナーパットの役割も果たしてくれる優れものです。

持ち手が
折りたたみ
できる

バーナーパット

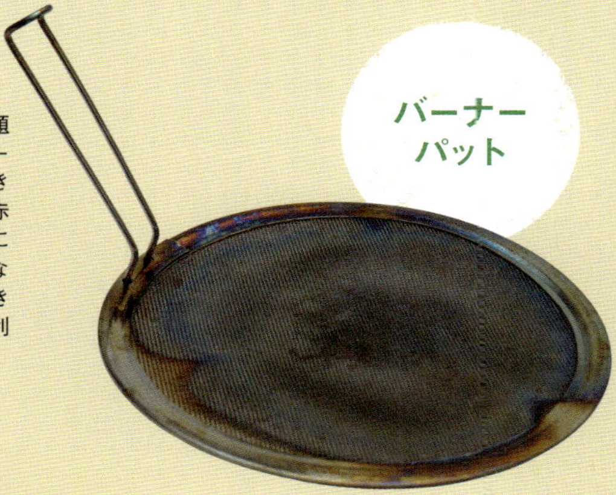

1バーナーのほとんどは火の出る部分が小さいのでどうしても一点集中加熱になりやすく、またとろ火の調節が難しいのが弱点。炒め物や焼き物などの調理なら何の問題もないけれど、お米を炊いたりする場合には炊きムラができてしまうこともしばしば。その問題を解決してくれるのがバーナーパットと言われる敷き網。強い火力を優しい遠赤外線に変えてくれ、鍋底に均等に火がまわるようになります。お米を上手に炊きたい人は持っていると便利ですよ。

ホットサンドクッカー

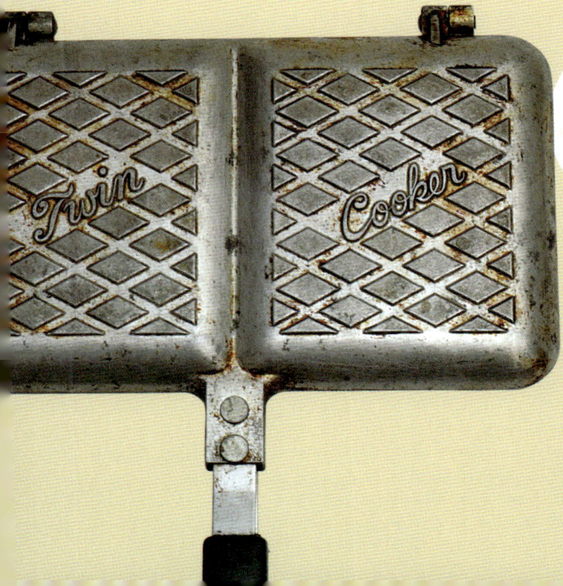

キャンプでの朝ごはんの定番ホットサンド。食パンに具をはさんでくるりくるりと両面からトーストすることのできるこの道具は、言わばフライパンを2枚重ねたつくりをしています。もちろんホットサンドもおいしいけれど、せっかくなら別の使い方も試してみてください。ふたができるので蒸し焼きが可能。目玉焼きはびっくりするくらい上手に焼けるし、野菜炒めや焼きおにぎりだってお手のもの。先入観を捨てて自分なりの使い道を探してみてくださいね。

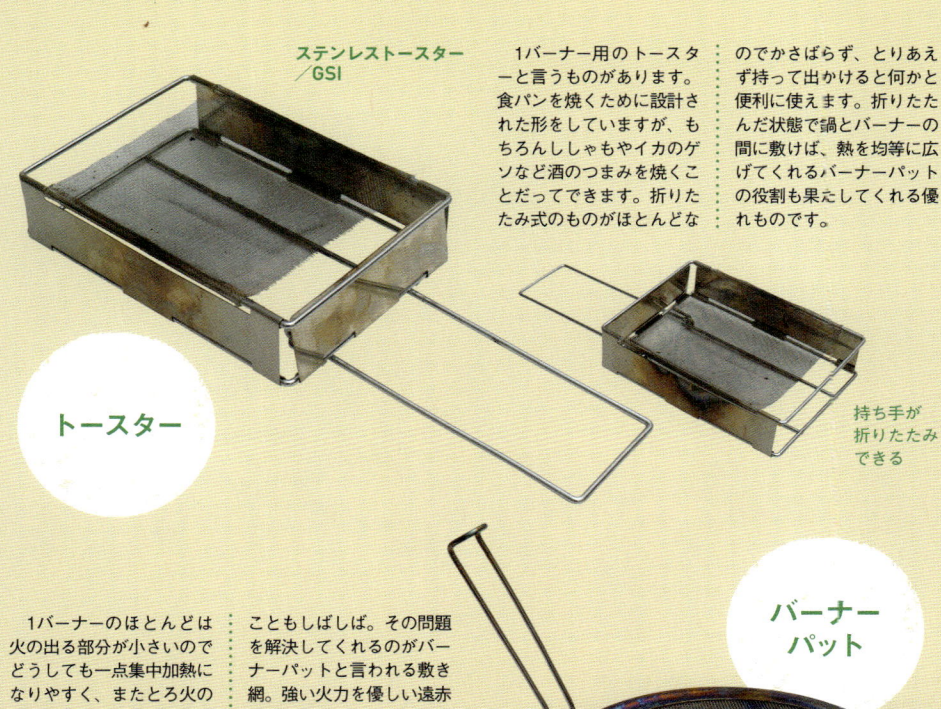

風防

外での調理で一番やっかいなのは風。また気温の低い場所での調理となればなおさらのこと。風が強いと炎が垂直に鍋底に当たらず熱効率が極端に悪くなり、燃料の無駄遣いにもつながります。

そんなときに風よけとなる風防があると便利。風防には大きく分けて板状のタイプと分厚いアルミホイルのようなタイプの2種類があります。アルミのものは一体型のバーナー（P116）にまいて使用すると輻射熱でガス缶の温度が高くなり、缶が爆発する危険がありますので、セパレートタイプのバーナー（ガス式P117、ガソリン式P118）のみに使用可能です。

ウォーターキャリー

水道が完備されているキャンプ場でも、いちいち水をくみに行くのは結構大変。そこで、私はコックのついたウォータータンクを持って行きます。タンクを折りたたみ式の小さいイスの上に置き、蛇口の下にはプラスチック製のバケツを置いておくと水浸しになりません。また洗い物もそのバケツの中にポイポイ入れておけば水場に運ぶのにも便利です。下水が整っていないキャンプ場もあるので、食器は簡単に洗う程度にして自宅に持ち帰る方がスマートですね。

このまな板は、木工アーティストのしみずまゆこさんからの頂き物

最低限必要なカトラリーとは？

外ごはんを楽しむのに最低限必要なものは、おはし、スプーン、包丁、まな板、お玉くらい。車でのキャンプやデイキャンプならすべて自宅で使っているものをあれやこれやとそのまま持ち出してしまいます。本格的な登山となると、軽量化や収納性も重視されるのでまな板は持って行かないことも多いのですが、ホームセンターなどで売られている木の板を小さく切って持って行くと、まな板としてだけでなく、切り分けたパンなどをのせるお皿としても使えて何かと便利ですよ。

料理カテゴリー別 INDEX

本書で紹介している料理をカテゴリー別にまとめました。食べたい料理、作りたい料理の早見表としてご利用ください。

前菜

スープ

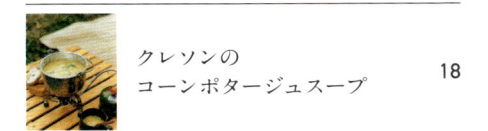

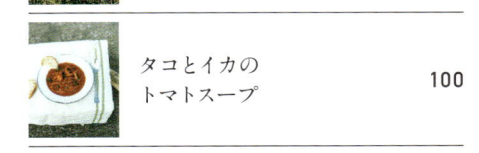

主菜

料理カテゴリー別INDEX

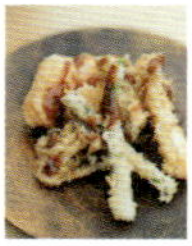

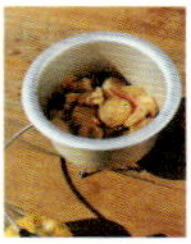

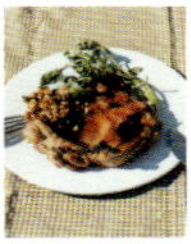

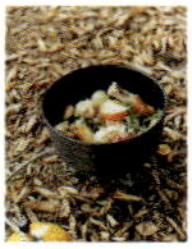

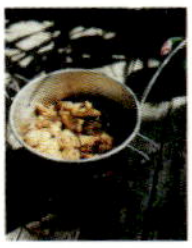

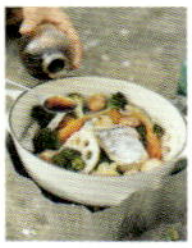

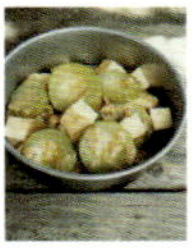

パン

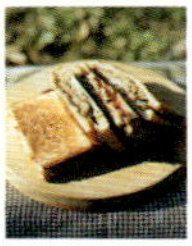

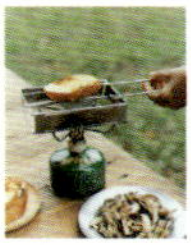

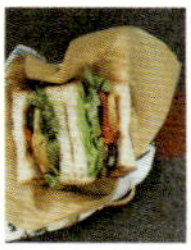

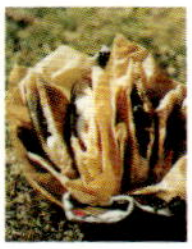

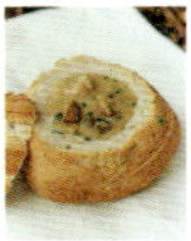

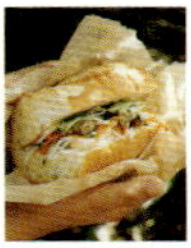

ご飯もの

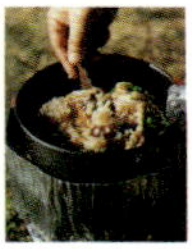

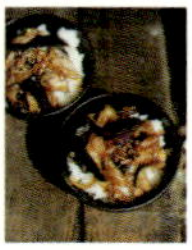

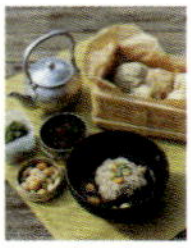

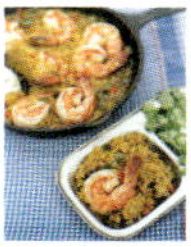

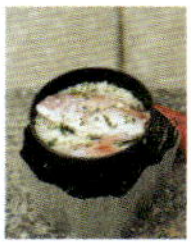

麺・パスタ

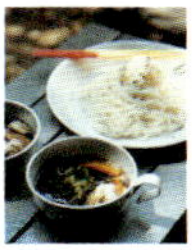

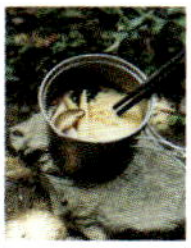

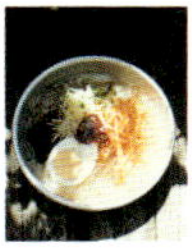

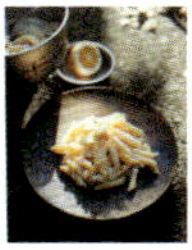

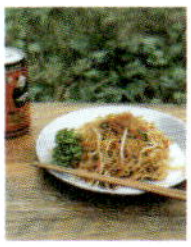

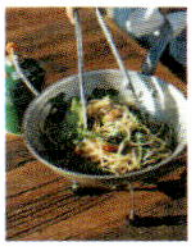

デザート

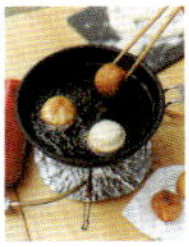

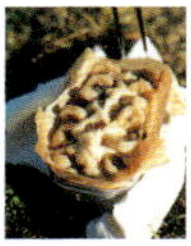

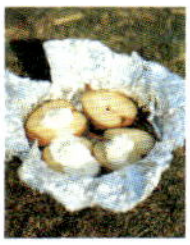

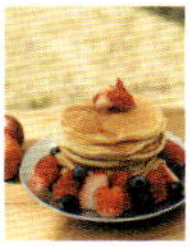

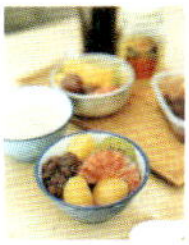

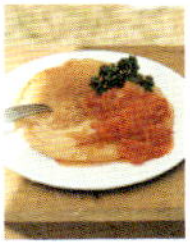

ドリンク

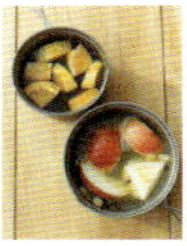

山戸ユカ（やまと ゆか）

玄米菜食とアウトドア料理を得意とする料理研究家。井の頭の自宅でcha.na料理教室を開く。著書に『山戸家の野菜ごはん』シリーズ3部（マーブルブックス）。アウトドアユニットnoyamaとしても活動し、共著に『つながる外ごはん』（小学館）がある。

アートディレクション／細山田光宣
デザイン／天池 聖（細山田デザイン事務所）
写真／野川かさね
イラストレーション／YUYA（chokkinkirie）
編集協力／浅見英治

撮影協力／ユニバーサルトレーディング、イワタニ・プリムス、
エイアンドエフ、朝霧ジャンボリーキャンプ場

Special Thanks／鴨内悟史、鴨内敦子、北村哲

1《ワン》バーナークッキング

2011年7月24日　初版発行

著者	山戸ユカ
発行者	佐藤龍夫
発行	株式会社 大泉書店
住所	〒162-0805 東京都新宿区矢来町27
電話	03-3260-4001(代)
FAX	03-3260-4074
振替	00140-7-1742
印刷・製本	図書印刷株式会社

URL　http://www.oizumishoten.co.jp/
ISBN 978-4-278-04725-7　C0076